U0029946

用大腦行為科學養成孩子主動學習的好習慣

讓孩子這樣愛上學習

玩出學習腦！

心理學家爸爸的教養法 2

英國約克大學心理學博士
黃揚名／著

PART 3

要讓孩子樂在學習，你可以選擇這樣教小孩！

——運用行為科學養成孩子主動學習的好習慣

〔推薦序〕

全面啟動學習力

讀黃教授的書總是讓我充滿感動與感恩。

做為兩個孩子的媽媽，科學奶爸結合理論與實務的育兒實戰故事，令我感同深受也無限佩服！這不只是一本很「好」讀又實「用」的育兒秘笈，不只是寫給「樂於花時間陪伴孩子學習成長的家長」，更激勵了讀者探索自我與內在覺察的動力，隨著書中的分類和章節「學習」最美「力」的自己。

此外，這本書讓我再一次系統化地認識了學習是什麼，以及孩子適合的學習型態等等。書中並歸納出影響學習的因素和方法，幫助家長陪伴孩子一起玩出學習力，練習有效學習的方法和策略，不只是提升孩子的學習效率，讓他們樂於學習並且愛上學習，也讓爸爸媽媽相信孩子，甚至包括自己，都可以學習得更好！

國立暨南國際大學國際文教與比較教育學系副教授
山景童盟村總顧問　曾敬梅

每天每天，我的教學、研究與服務，都圍繞著教學與學習，但是一直到觀察、聆聽了許多學習的故事——好的、不好的，分析與回想起過去的教育經驗——愉悅的、創傷的，我才更急切、更深刻地記錄與反思「學習」這件事。

在當媽媽之前，我就已經開始學做媽媽，從姊姊妹妹的孩子，到我自己的孩子，每個都是我實驗、實踐與學習的對象——十二歲的Sophie從小就展現了天生的領導力，她在一邊分派大家玩桌遊的過程中，也學會了如何玩的關鍵和技巧；Jacky具備非凡的美感與想像力，能輕鬆運用連結和圖像，很快就練好新的曲子；Clement的個性體貼又討喜，總能發揮合作力，有效率地完成任務；Elsa和Molly喜歡問「為什麼」，每件事都反覆練習到精熟，徹底展現恆毅力與執行力；即使一歲半的William，也已經可以看出他對數字特別敏感，爸爸媽媽應該思考，怎麼樣才不會埋沒他在思維運算方面的天分！

為了家裡的孩子以及其他更多孩子們，我和先生從閱讀和工作中找資源，也遇見越來越多志同道合的朋友，一起分享、投入，創造一個理想的、適合孩子成長的環境，一個「教育理想國」（Edutopia）。陪孩子們成長，讓我與夥伴們充滿了熱情、理想和想像，雖然難免也有困惑、挫折與懷疑人生，但我每每在黃教授的書中找到答案、共鳴與同理，又有無限的愛、感恩和動力，去學習與實踐更有趣、更有意義的事，有一種處於巔峰，聖靈充滿的「心流」（flow）感受。

同時，也讓我再一次深刻體認到：

#學習需要動力

「動機」理論是一個歷久彌新的主題，當大家說未來是「無動力時代」，未來也可以是「3Q」（AQ、EQ和MQ）加上「五力」（觀察力、注意力、想像力、合作力和學習力）的時代，自然而然就能在AI時代更具有競爭力！

#學習需要策略

從遊戲中（桌遊、角色扮演、心理劇……等）玩出學習力，書中的【單元小任務】更提供了給家長的學習單，以科學教養法分享許多實戰策略，選擇與使用了更好的閱讀、理解、記憶與問題解決策略，讓學習更有效率又有樂趣，這是一種從外顯（explicit）到內化（implicit）的歷程！

#學習需要正向支持系統

從「正向支持行為」（Positive Science）的觀點來看，每個人都需要強調正向行為的建立，孩子們的學習需要同伴，甚至家長們的終身成長，也都能在同儕的陪伴和支持下達到1+1>2的效果！

因為培養了由內而外的動機，才能有效獲取資源；因為培養了好的習慣和策略，才能讓動力更持久；因為建立了正向的支持系統，才能讓學習內化成一種正向而永續的態度和習慣，達到「自動好」（自主、互動與共好）的目標。就讓我們跟著黃教授，一起學習正向行為支持系統，全面啟動學習力吧！

〔推薦序〕

為未來準備的全球學習力

芬蘭瓦薩大學學術英語副教授　耿嘉琪

這是一本不只是給家長看的書。

在過去的十年至十五年當中，有許多我們沒有預期到的產業創立，並且蓬勃發展。例如：提供全球最大量的住宿網站Airbnb、Facebook臉書，以及全球最大的視頻搜索和分享平台YouTube。這些對於我們生活相關的產品，以及其運作模式，已經不知不覺中影響我們的生活型態，也密切地影響了全球的就業市場。更不用說，連帶影響到在未來求職市場中所要求的技能與條件。

十五年前，沒有人會想到二〇二〇年的現在，智慧型手機以及手機應用程式App的普遍；十五年前，或許也沒有人想到二〇二〇年的現在，孩子們接受資訊與學習的管道不再只是教室、學校、電視、報紙等等。身為教育工作者，我們最常討論的就是：我們到底應該教學生什麼？在未來的十年，或許許多工作現在根本不存在，那麼，孩子們現在學的，我們眼前看得到的，十年後還能用嗎？我們自己能為未來準備的又有哪些？

我在芬蘭大學任職英語教學的工作，在我的觀察中，獨立自主學習是芬蘭教育能夠成功，一個非常重要的原因。許多芬蘭的學生在上大學之前就已經有很好的英語程度，主要的原因是多數學生從小就能獨立學習。黃教授在書中提到的自主學習，我在英國念博士班時也有相同的經驗。

英國的博士班是不需要修課的，一開始我很慌張，不知道該怎樣安排自己的研究進度，也不知道該怎樣管理時間。在歐洲大學中，沒有像在亞洲的教育系統裡那麼制式的課表規定，你是你自己的主人，你也必須為自己的一切負責。如果我能早點了解到「學習不是為了考試」、「學習可以是快樂的」，或許在我的求學過程中，我會有更多的自信和樂觀的態度。

在歐洲國家的教育體制裡，非常重視終身學習（Life-Long Learning），這是一個不能小看的觀念。如果孩子們從小就有一個喜歡學習的心態，對他們來說，學習就像是一個非常自然而然的習慣，在新的技能、新的學科出現時，他們會比較能夠去接受，對於新的事物也比較有適應力。而在這個變化萬千的時代，這是一生都能受用的能力。

我認識揚名學長是在英國約克大學就讀博士班的時候，那時我是他在心理系研究中的實驗者之一，揚名學長給我的印象一直是嚴肅不多話的，真正認識他，反而是在畢業多年後。我時常閱讀他分享的知識與經驗，他用科學的角度提供真實研究的實驗結果、數據等等，來分析並且解讀我們生活中切身體驗的主題。

在我閱讀這本書的過程中，我也體會到，其實學習在我們人生中是無止境存在的，不是考完試之後就不用再學習，不是考上大學之後就不用再學習，也不是找到工作之後就不用再學習。既然如此，我們應該思考的是，如何培養enjoy享受學習的能力。

我很喜歡揚名學長用科學的角度來讓讀者理解邏輯，也喜歡這本書建議的一些小遊戲，讓家長可以跟孩子們一起實驗。我也感激揚名學長在這本書的最後提醒大家，最重要的是勇敢面對自己的不完美，如果我們能夠了解自己的優勢與弱勢，我們才能更接受自己，也更能找出幫助自己的方式。

希望你跟我一樣，在這本書中找到幫助自己學習的能力。

〔前言〕

破除學習三大迷思

黃揚名

有句話說：「學海無涯，唯勤是岸。」這句話講得非常好，因為學習是一場沒有終點的馬拉松賽跑。很多人離開校園之後，就覺得自己沒有在學習，這其實是對於學習的誤解，以及過度謙虛的一種想法。

為什麼我會這樣說呢？首先，很多人誤以為只有在學校裡面或是在一個所謂的「課」當中，才是在學習。事實上，只要不是每天都做同樣的事，生活一成不變，你就時時刻刻都在學習。像是有很多人會換公司，雖然擔任同樣的職務，也還是要學習一些在新公司才有的新規範；即使留在同一間公司，也可能有職務調動，或是轉任領導階層，就必須改變自己的工作方式。這些都是學習。更別說，在孩子出生之後，學著怎麼當一位父親或是母親。所以，誰說你沒有繼續在學習！

面對學習，特別是孩子的學習，我想有不少爸爸媽媽囿於許多迷思，導致對孩子的學習感到很焦慮。就讓我先來破除大家對於學習的一些迷思吧！

第一個迷思：對於學習的想像太局限且制式

提到學習，很多人想到的是在教室內，有一個老師在教，一個學生在學，才是學習。這可能是源自於我們老祖宗的智慧，在中文當中，「學」這個字，最初是指有老師在一個屋子裡教學生數學、寫字。

不過，很久以前我們的老祖宗對於學習本身的定義更為廣泛，像是其中一個意涵是指從閱讀、聽講、研究、實踐中獲得知識或技能，《史記・秦始皇本紀》中就記載了「**今天下已定，法令出一，百姓當家則力農工，士則學習法令辟禁**」，裡面的學習，指的就是任何人獲得某項知識的過程，而沒有限定一定要是由一位老師傳授給一位學生。

而知名的英語詞典對於「學習」的定義是這樣的——透過學習、練習、被教授以及親身體驗一些事情來習得知識或技能（to gain knowledge or skill by studying, practicing, being taught, or experiencing something）。

這些都說明了，學習不是只有在教室，不是只有老師教孩子才稱得上是學習。事實上，**只要透過經驗的累積，會造成持續性改變的行為，都是學習。**所以，你摸透老闆的作息，知道哪一天可以溜個班，這是學習；你的孩子知道每次只要他哭了，你就會隨他擺布，這也是學習。

(1)學習絕對不是「在特定的情境下才發生」。
(2)學習絕對不是「在特定的形式下才算數」。
(3)學習絕對不是「要有一位老師、一位學生」。

也就是說，學習不是只有在教室才發生，而是在任何地方、任何時間都可能發生，所以爸爸媽媽應該要謹言慎行，因為你不知道孩子什麼時候會學習你的所作所為。千萬不要以為你沒有「教」孩子的事情，他就不會學。

我自己有個慘痛的例子：開車時我很習慣按喇叭，有一次有輛車突然衝到我的前方，我都還來不及反應，就聽到從後座傳來一個聲音，當時才兩歲多的老大說：「快叭他。」意思是叫我快點按喇叭。我當下感到有點驚喜又慚愧，驚喜的是兒子居然會一些我沒有教他的事情，慚愧的是，我竟然讓兒子學到了自己不好的習慣。

很多人不喜歡爸爸媽媽教養自己的做法，但在被別人提醒時，往往才驚覺自己正在用當年爸爸媽媽對待自己的方式教養孩子。不僅是在家庭教育如此，你在一間公司待久了，換到另一間公司，別人有可能從你的做事風格，就判斷出你是哪間公司轉過來的，這也是透過這些日積月累的養分而形塑出來，即使你沒有刻意去學習，也沒有意願學習，這些養分就是會自己爬上身。

學習無所不在，也意味著學習不是要坐在教室裡面，跟著課本內容逐條朗誦，才算學習。**只要讓學習者有機會接受到我們希望他們能夠學習到的資訊，就可以算是學習。**在我念幼兒園的那個年代，大概中班開始，老師就在教你怎麼寫字、算數等等；可是現在多數幼兒園才不是如此，孩子基本上去幼兒園都是在玩，老師「教」全班孩子的時間僅有早上、下午各半小時的繪本閱讀或是活動帶領。

你或許會很好奇，孩子都在玩，真的有學到東西嗎？如果是從學科學習的角度，我想孩子學習到的，真的不多。但是從其他的指標來看，我必須說孩子有很多的進步，例如生活的自理、人際互動間的協調、自我興趣的培養等，都可以明顯看到轉變。

研究也發現「玩」對孩子是有幫助的，特別是對於大腦額葉的發展有促進效果。有個研究就發現，三年級小朋友的社交能力是最能夠預測他國中二年級學業表現的指標，而社交能力就是透過玩的過程去培養的。另外，也有跨國研究發現，下課休息時間越長的國家，孩子們整體的學業成就越好。

現在世界各地都有新型態的學校，不以學科掛帥的方式引導教學，而是透過主題式學習，把學科知識揉進這些主題活動中。像是有學校要小朋友規劃一個海外學習旅行，那麼要達到這個目的，就會訓練孩子多種不同的能力，比如：外語溝通能力（才能跟國外單位交流）以及數學、邏輯思維能力（訂機票、住宿時才能掌握最優惠的方案）。

很多人會擔心這樣的教學對孩子不好，主要是怕孩子進不了好的學校，而不是孩子沒學到東西。但是，這是非常矛盾的，**你必須問自己，到底學習是為了什麼？**

另外，學習不是一定要有一個老師、一個學生，你也不是只有從老師身上才能學東西。我在英國念博士班的時候，針對這點有很深刻的體悟——身為一位博士班學生，我幾乎不需要修課，只有一門方法學的課程需要去上課。一開始我有點著急，擔心自己落後了，到時候會不會沒有辦法畢業。

但是後來我發現，在英國的博士班學習更像是師徒之間的關係，你就是該多跟導師學習，而且導師不是只有面對面授課才能夠教你東西。同樣在英國念碩士班的同學，雖然要上很多課，但他們常會抱怨老師都只是請他們讀論文，然後口頭報告、討論，感覺都沒有學到東西。

我覺得這樣的想法非常可惜，因為老師固然有其專業，但是老師只有一個，學生有那麼多個，每個人都有不同的思考角度，如果大家一起碰撞，不一定會比老師差。俗話說「三個臭皮匠，勝過一個諸葛亮」，道理就是如此。

在這個資訊爆炸的時代，我們更不能期待學習一定要有個老師在身邊才發生。當你有足夠的動機，網路上非常多自學的資源，只怕你不願意去使用。

第二個迷思：學習越早開始，越多越好

很多人急著讓孩子上各式各樣的啟蒙課程，一方面是源自於競爭的焦慮，另一方面則是想要彌補自己當年的遺憾。雖然我們確實看到很多從小就開始學習某項學科或才藝的孩子，真的比起同年齡的孩子有更好的表現。但是，人生漫漫長路，就算你的孩子比

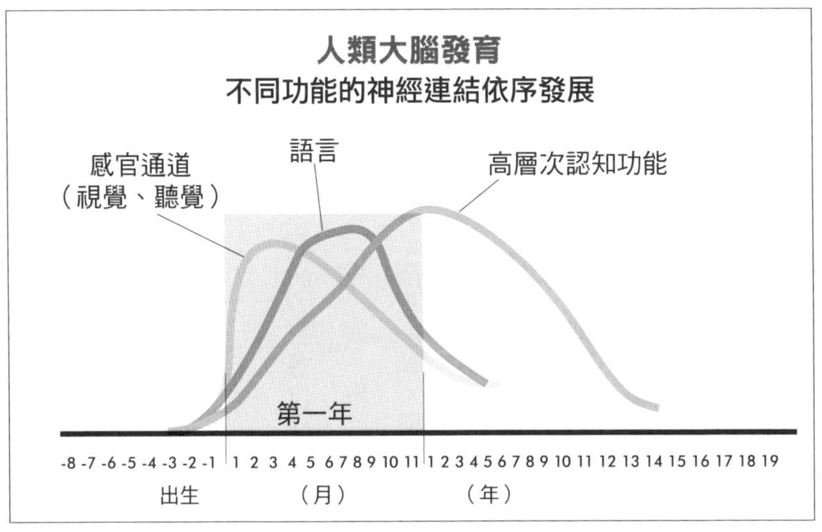

圖 1　大腦發育一覽（※ 資料取自《*From Neurons to Neighborhoods: The Science of Early Childhood Development*》專書）

別人早會了某項知識，真的就能為孩子帶來一輩子的優勢嗎？如果孩子沒有持續精進自己的知識，就像《龜兔賽跑》中的兔子一樣，最終不見得能夠贏過烏龜。

有效的學習，是要配合孩子大腦的發育規律。多數的孩子大腦發育進程是類似的，**以感官相關的腦部區域最早發育，接著是語言的發展，之後才是比較高層次的認知能力**，比如決策判斷等。若你能夠掌握大腦發育規律，提供孩子刺激，對孩子才是有幫助的。

我舉個極端的例子來說，現在很多人認為邏輯思維的能力很重要，於是在孩子一個月大的時候，就想要訓練孩子的邏輯思維。但是這樣的做法有很大的問題，因為邏輯思維的能力相當抽象，一個月大的孩子，大腦還沒有準備好要處理這樣抽象的東西，不僅訓練起來很困難，孩子的學習曲線也會很平緩，也就是學得很慢。

在對的時間，給予適當的刺激，才能高效學習。

雖然不同的能力有各自發育的敏感期，但是孩子會有一些個別差異，有些孩子的能力發育可能跟常模不同，例如你家孩子的語言發展比較慢，但是高層次認知力的發展，則和多數的孩子沒有差異。另外，即使過了敏感期，孩子還是能夠獲得那些能力，只是效率可能會比較差一些。

我在這裡也要鼓勵大家多學習，因為**學習對大腦帶來的影響是一直都存在的**，不論**你是小孩、青年、中年人還是老年人，只要有新的學習發生，就會對你大腦的運作帶來影響**。而且很多研究都證實了，學習新的、有挑戰性的知識，會讓大腦的灰質和白質增生，也會促進神經元連結的形成，更重要的是會有效降低失智症發生機率。

除了考量大腦的發育規律之外，我認為**學習的環境以及學習成就對個人的實質影響力，也主宰了學習的效率**。我的母親是大學英語老師，在我念小學一年級時，母親就開始讓我們接觸英語，在那個年代算是相當早的。但是我對於英語一直沒有很強烈的感受，也不是那麼會用。

不過，在我小學五年級要升六年級的時候，我們全家去美國住了一年，我和弟弟就讀當地的公立小學，除了一小時的語文加強班之外，每天都和當地的小朋友一起上課。在那樣的環境下，不僅整天都沉浸在英語的環境中，英語能力也和我在學校的生存有極度緊密的關係，那一年我的英語能力有極大幅度的進步。即使後來離開美國，英語能力還是有蠻高的水準，直到出國念書，英語都是一個我不需要太費心，又能有傑出表現的學科。

這只是個例子，不是說你一定要送孩子出國念書，而是要強調：**當學習有個明確目的，才能學得好！**就像如果不是職務上有寫程式的需求，你學習寫程式的動機與效率肯定不高；但如果老闆說：「給你三個月的時間，若沒辦法用 Python 解決公司財務報表，你就準備走人吧！」我想你應該一個月內就會學好了。

學習不是越早越好，也不是越多越好。

第一、如果學習的素材非常相似，學習的效率會很差。例如你要孩子學習一連串發音相近的字詞，他們就會學得很慢；但是如果字詞的發音差異性很大，孩子的學習就會比較有效率。所以，當素材很相似的時候，一次全學，反而會學得比較差。

第二、長時間的學習容易疲憊，注意力不集中，效果不如把時間切割成區塊來學習。區塊學習還有另一個好處，因為每次的學習都會有不同的情境資訊，這些情境資訊都有助於未來記憶的提取。

第三、高強度的學習通常會伴隨著壓力的上升。雖然適度的壓力對於個體是有好處的，但是若長期處在過度高壓的狀態，對大腦運作是有害的，而且會全方面影響一個人的健康。

所以，**學習「正確」的知識，比起學習大量的知識更為重要！**

而什麼叫正確的知識？簡單來說，就是對你有最直接影響的知識。像是對一個家庭主婦來說，正確的知識可能是怎麼輕鬆完成家務，烹飪美味又健康的料理，還有怎麼利用閒暇時間提升自己的幸福感；對上班族來說，可能是怎麼提升自己工作效能、經營自己的人脈、讓自己的薪資翻倍等等。

不過，有一個能力對每個人來說都是正確的知識，那就是**如何高效學習的能力**。

第三個迷思：背多分

我相信在大家求學階段，都有過這麼一些知識點，是你沒有動機想要去搞懂的，或是花了很多時間也沒有慧根搞懂，但往往考試的時候就是會考，許多人都會選擇想辦法死背。我也經歷過這樣的階段，雖然考試過關了，但是這個知識點在我腦海中沒有留下任何痕跡。

如果你真的想要學習一個新的資訊，用死背的，絕對是最糟糕的做法。因為死背只是用語音保存這個資訊，它並沒有被賦予意義，很容易變形而出錯。就像中文同音詞很多，如果你只是重複語音，可能會產生誤解，像是「數目」和「樹木」，就會鬧笑話了。此外，用語音的方式保存訊息，很容易受到干擾，就像你沒有辦法同時跟兩個人通話一樣，當你死背的時候，如果還要一邊跟人講話，死背的效果會很差。

學習絕對不能太被動，你必須要主動地去思考，否則學習的成效會大打折扣。

這也就是為什麼我認為訂閱太多專欄不一定對你有幫助，因為我們很容易會想要偷懶，被動的吸收知識。然而就像死背一樣，被動吸收知識的效果非常有限。聽知識專欄是如此，看電視也是如此，如果你沒有主動去思考，那麼這些資訊對你大腦都不是太好的養分。事實上，腦部造影的研究發現，閱讀的腦和看電視的腦有極大的差別，其中很大的差異就是源自於前者比較主動，而後者是比較被動的。

我知道沒有人會打從一開始就想要死背，就是沒時間了，才會選用這樣的下策。因此我要提醒大家，請在需要上場的前一天死背，因為如果熬夜死背，這些資訊是沒有辦法長時間保存的。睡眠對於記憶的保存是非常關鍵的，過去很多研究都發現，如果學習之後沒有睡覺，學習的效果就會變得很差。當然更好的做法是不要死背，而且提前開始做準備。

在這本書當中，我要先帶你認識學習是什麼，以及大腦是怎麼學習的。接著，我要告訴你哪些因素會影響學習，有些可能會讓你非常意外。除了介紹原理之外，我也規劃了一些遊戲，讓你可以跟孩子玩出學習力。另外也特別設計單元小任務，讓爸爸媽媽在讀完一個章節之後，可以檢核一下自己的理解，以及是否能夠把內容應用在提升孩子的學習上。最後，我還要從更宏觀的角度，帶你思考要怎麼幫孩子規劃好的學習方案。

那麼我們就起航吧！

PART 1

你真的認識學習嗎？

在第一部分，我要先幫大家打一些基礎，
認識哪些能力和孩子的學習有關係。
這些能力中，
有些是大家直覺和學習有關係的，
有一些則是比較間接的。
不論是哪一種，
若你能夠協助孩子提升這些能力，
都有助於促進孩子的學習。

第一章 為什麼我們總覺得學習很難？

你在教孩子說話或算數時，是不是常覺得孩子怎麼學這麼慢，教了好幾次，還是搞不懂 1+1=2 這樣簡單的事情。可是你又會很納悶，為什麼有時候孩子會講出一些艱澀的詞彙，你明明就沒有教過他啊！

不僅在孩子身上，成年人也同樣會有類似的現象。你自己想想，生活中有些事物的學習就是很容易，學了一次就會。但如果要學一個新的語言或是一個新的樂器，恐怕就沒有那麼快了。接著我們就來了解學習究竟怎麼一回事，以及我們又是如何學習的。

學習是什麼？

為什麼會有這樣的差異性，其實和學習的本質息息相關。那學習的本質又是什麼？

我們先來談談什麼叫做學習。你可能會覺得誰不懂學習，可是若要定義什麼是學習，你會怎麼說？

- 如果你教孩子1+1=2，教了好多次，你再問他：「一加一等於多少？」他答不出來，那麼我們要算孩子有學習，還是沒有學習呢？
- 如果一個孩子已經學會彈鋼琴，但是因為手受傷了，沒辦法彈琴，你會說他沒有學會彈琴嗎？

之所以舉這兩個例子，是要讓大家更全方面的去思考，學習究竟是什麼？我在這裡分享一個我很喜歡的定義：

學習是因為經驗的累積而造成行為上持續性改變的結果。（Learning is an enduring change in the mechanisms of behavior involving specific stimuli and/or responses that results from prior experience with similar stimuli and response.）

這是我在讀碩士班時用的一本教科書《學習與行為的準則》（*The Principles of Learning and Behavior*）裡面提到的。其中有兩個重點：

(1)學習必須是因為經驗的累積而形成的。
(2)學習必須造成行為持續性改變。

接下來我就分別解釋一下這兩點是什麼意思。

學習是靠經驗累積而形成的

首先，學習並不會憑空發生，必須要經過經驗的積累。很多時候我們以為自己沒學過就會的事物，其實有可能不是憑空而來，只是我們沒有察覺到那些事件的發生。

心理學的研究屢屢發現，如果讓你看一些快速呈現的圖片，雖然你在主觀上沒有辦法察覺，但還是會受到這些事物的影響。比如我們會在不知不覺中記住某個廣告圖片，或者某句廣告詞，就是因為這個原理。所以說，自己沒有感覺的經驗，還是會對我們造成影響。

因此，我們**千萬不要覺得孩子只有在「上課」的時候才會學習，其實孩子的學習是**

隨時都會發生的，這也就是為什麼身教非常重要。因為孩子隨時都在學習，而且是從你身上學習。

科學家從對腦的研究中也發現了積累經驗的效果。也就是說，每當新學會一件事物，你的大腦也會有細微的變化。這個在低等動物中就有體現。諾貝爾生物醫學獎得主埃里克．肯德爾（Eric Kandel）的研究發現，重複學習會造成生物神經元結構的改變。而在人腦中，學習也會留下痕跡。

加拿大的心理學家唐納．海伯（Donald Hebb）喜歡觀察腦細胞的活動，他發現隨著學習次數（也就是學習經驗）的積累，兩個腦細胞之間的連結會越來越緊密，而當腦細胞之間的連結越緊密，訊息的傳遞就可以少走冤枉路，訊息傳遞的效率會變快，反應在行為層面上，就是這個人能夠把事情處理得更快、更好。

學習必須帶來改變

帶來改變是學習很重要的一個目的，但是到底怎樣的變化才算是改變，而且是跟學習有關係的呢？

就像爸爸媽媽都很愛跟幾個月大的孩子講話，希望孩子能學會叫「爸爸」、「媽媽」。相信你我都有這樣的經歷：對著孩子重複說著「爸爸」或「媽媽」，如果孩子發出類似的聲音，我們就會很開心，覺得孩子已經學會叫爸爸媽媽了。但這樣的變化，並不能算是改變，充其量只是一種因外界刺激而產生的反應。

孩子心裡可能在想著：我到底要怎樣才能擺脫這傢伙，是不是只要發出一點聲音就可以了？於是就產生了爸爸媽媽期盼聽到的聲音。然而，對孩子來說，他們可能其實根本沒有形成大腦的變化，單純只是做出反應罷了，就像是有東西朝向你飛過來，你會立刻閃躲。

如果單純做出反應，不算學習帶來的改變，到底什麼才算呢？

這其實跟我們怎麼定義改變有關係。

如果我們認為要從不會彈鋼琴，到能夠順暢地彈奏一首樂曲，才算是有學會／改變，改變可能就不會那麼快發生。而且有些學習的成效，不是短時間內能夠觀察到的，若只用外在的表現來評估學習成效，並不是很妥當。

很多時候我們看到孩子不會做某件事情，例如念了很多遍的古詩還是記不住，就會責難他們怎麼又沒有好好學習。其實，我們應該**深入了解孩子到底有沒有成功學習**。如果有，為什麼學習的成果沒有辦法展現出來。沒有仔細評估就直接責備孩子，會讓孩子很受傷，而且有可能就會喪失學習的興趣，甚至討厭學習。

更複雜的是，有時候孩子其實已經學會了，但是他不想讓別人知道自己學會。你可能會覺得很奇怪，怎麼會有人明明知道一件事情該怎麼做，卻選擇不動聲色呢？其實在孩子身上，這樣的現象還蠻普遍的。

一方面是孩子雖然知道方法，但還不確定自己是否能夠面對做事的後果，所以選擇不要做任何事情。比方說，孩子如果讓你知道他已經會認注音符號，你可能就不會繼續念故事給他聽，而是要他自己念給自己聽。一些孩子遲遲不願意開口講話，部分原因也是如此。

學習必須帶來持續性的改變

學習帶來的改變如果不能延續，也不能算得上是學習。而學習的效果是否能夠延續則和兩件事情有關：

第一、我們的大腦是用什麼形式來保存學習的效果。

第二、要怎麼延續學習的興致。

先來談談記憶的保存形式，不同的保存形式會造成極大的差異。**記憶的保存可以簡單分為外顯和內隱兩種**，所謂外顯的方式，就是我們可以用口語講出來的儲存方式，像是你可以說出做一道菜需要準備多少食材，這就是外顯的記憶。

而內隱的記憶就是比較難講出來，但是你就是會做的事情。例如，你習慣用某一個鍋煮菜，換了一個新鍋子以後，怎麼用都覺得不順手，就是因為你無法用操作舊鍋的方式來操作新鍋，需要重新學習。

多數的學習，一開始都是用外顯的方式保存，之後才會陸續轉為內隱的方式儲存。如果兩者兼具是最好的，畢竟外顯的方式比較容易隨時間而逐漸遺忘，內隱的方式則比較不容易被遺忘。

就好比學開車，一開始在駕訓班練車，教練在教倒車入庫時，都會教你在哪個位置要打幾圈方向盤。考駕照的過程，每個人都牢記這些規則，但在開車多年之後，你可能早就無法背出來那些口訣了，不過倒車入庫的技術比剛拿到駕照時好得多。

那麼要怎麼讓學習的儲存方式改變呢？很可惜，沒有辦法切換一個按鈕就達成這個目標。**我們唯一能做的，也是最有效的方法，就是多練習，而且要有策略的練習**。在接下來的章節單元中，我就會提到**高效學習的策略**。

接著，我們來談談要怎麼提升學習的興致，也就是說要樂在學習。

樂在學習有很多好處。在學習的時候，興趣會提高學習的效率；在學會之後，樂趣也會讓孩子想要持續練習。**讓學習成為一件快樂的事情，對於學習來說是非常重要的**，但是很多爸爸媽媽在引導孩子學習時，往往忽略這件事情的重要性。

我相信有人也和我一樣，小時候被爸媽逼著練鋼琴、背英文單字等，學的時候很痛苦，但現在想起來，覺得當時那樣好像還挺好的，於是你就決定用同樣的方式來對待孩子。其實這不太好，因為整個大環境已經隨著時代不同而有所改變，如果你用自己小時候被對待的方式來對待孩子，失敗的機率是很高的。所以，我們還不如拋棄一些過時的經驗，就**從孩子大腦發育的特點出發，用孩子能接受的方式高效學習**。

現在有很多透過遊戲來學習的工具，以及結合科技的學習方式，都是很適合拿來引導孩子學習的。當然更有效的做法，是爸爸媽媽跟著孩子一起學習，這樣會降低孩子的學習焦慮，也會讓孩子更有意願學習。

我們是怎麼學習的呢？

在掌握了學習的根本要素之後，我們接下來談談學習究竟是怎麼發生的。

汰舊換新是關鍵

學習看似相當複雜，但關鍵原則是很單純的，就是汰舊換新，也就是淘汰舊的，換上新的。那具體是淘汰什麼，換上什麼呢？說到這個，我就要來科普一下和腦科學有關的原理了。大家應該都知道，我們常說的腦細胞，多數時候是指腦中的神經元，神經元和神經元之間有連結，而神經元之間的溝通控制著我們的行為。

嬰兒剛出生時，大腦裡有非常多的神經元，但是到三歲左右，不需要用到的腦細胞和它們之間的連結就會被迅速淘汰掉。這樣的改變，反映在孩子的行為上，就是小孩子原本出生時具備的一些能力會喪失。最經典的例子就是，幾個月大的孩子都是世界公民，他們能夠區分所有語言的所有聲音，但是到要開始學母語的時候，孩子這樣的能力就喪失了，只對自己環境中常接觸的語言，還保有同樣的敏感度。

為了幫助大家更好理解這個淘汰的過程，我們就打個比方吧。如果把小孩子的腦袋比喻成一個花園的話，神經元和神經元之間的連結就是花園裡的花花草草。在嬰兒剛出生的時候，這個花園是非常擁擠的，是雜草叢生的。但是隨著孩子漸漸長大，在他們兒童期和青少年期中，這個花園中有大約40％的雜草會被修剪掉，只留下最美觀的植物。因為過多的雜草沒有什麼存在價值，還會侵佔資源。相信你也能想像到，透過這樣的修剪，整個花園看起來會更和諧。

說完了淘汰的過程，那麼換新又是什麼意思呢？簡單來說，換新不僅僅是指新的神經元的產生，更關鍵的是神經元之間連結被加強，或者產生了新的連結。如果再回到剛剛提到的那個花園的比喻，這個過程就好像在一邊維護有價值的花草，一邊又種下了新的植物。

我們的大腦是一個很重視效率的器官，會迅速淘汰掉不需要用到的腦細胞和它們之間的連結。相對的，如果大腦察覺有些腦細胞和它們之間的連結對個體有幫助，就會保留並且強化它們。而神經元之間的運作控制著我們的行為，所以在這樣的過程中，一些沒有價值的能力好像消失了，而一些有價值的能力也在迅速提升。

那現在重點來嘍，學習在這個淘汰和更新的過程中處於什麼位置呢？

其實我們後天的經驗，或者說後天的學習，就好像是花園裡的園丁，在很大程度上可以決定要修剪掉什麼草，要種上什麼花。這也就是我為什麼說「學習是汰舊換新」的原因了。後天學習的影響會有多大呢？舉個最極端的例子來說：

從我們生下來，大腦中就有一塊區域主要負責處理視覺訊息，意識到我們看到的東西是什麼，從而做出回應。比方說，你的一個朋友向你走來，這塊腦部區域就會把這個人的影像進行加工，將加工後的資訊傳到別的腦區，我們就能認出他，和他打招呼。

在天生就看不見的人身上，我們會發現這塊腦部區域能做很多別的事情：它可以負責處理其他類型的資訊，例如與觸覺、聽覺有關的資訊。這種改變，很明顯是後天學習到的，用來彌補先天的不足。所以說，**學習是能夠改變大腦結構的，甚至是改變大腦原本的配置**。

常見的學習型態

剛剛是從腦科學的角度來看學習，而從行為上，學習是如何表現出來的呢？簡單來說，我們可以把**學習分成三種型態：連結學習、模仿學習和認知學習**。

• 連結學習 •

連結學習，又叫做制約學習，可分為兩種不同的類型。其中大家比較熟悉的叫做操作制約（operant conditioning），也就是學會做了一件事情，會導致某些特定的後果。如果這個後果是這個人喜歡的，他就會更想要從事這個行為；但如果這個後果是這個人不喜歡的，他就不傾向於做這件事了。

就像孩子如果認真學習，老師給他喜歡的小禮物，就會強化孩子想要認真學習的行為。又比如說，孩子在餐廳大吵大鬧，你就懲罰他不可以玩新買的玩具，他就不會在餐廳吵鬧了。不過，很多父母面對孩子在餐廳大吵大鬧時的做法，就是拿出手機給孩子玩，你覺得孩子會學習到什麼？孩子學到的，不是進到餐廳要安靜，而是只要吵鬧，就可以玩手機！

除了操作制約之外，俄國的生理學家巴伏洛夫（Ivan Petrovich Pavlov）發現了另一種連結學習的型態——古典制約（classical conditioning）。他長年針對狗的消化系統做研究，有一次發現實驗室的狗還沒吃東西就開始分泌唾液，他覺得很奇怪，於是做了一連串測試，才發現：狗學習到，餵食的人來了以後，他就會被餵食。所以每當看到餵食的人，狗就有了預期被餵食的反應，也就是分泌唾液。

這樣的連結學習，不僅可以在動物身上看到，在人類身上也是非常明顯。像是嬰兒看到媽媽走到門邊，或是換上不同的衣服，可能就會開始哭鬧。因為在他們的經驗中，媽媽走到門邊或是換上衣服這件事情，就代表著媽媽要離開他了。所以雖然媽媽還沒有走，孩子就開始焦慮了。腦科學的研究也發現，這樣的連結學習確實讓某些腦細胞之間有新的連結產生。

其實現在很夯的人工智慧，說白了就是在做所謂的連結學習，只是背後的運作機制，是把很多元素都納入其中，然後找出哪些事情之間是真的有關聯性的，以及會得到某些特定的後果。

•模仿學習•

模仿學習是在孩子身上，特別是越小的孩子，越常發生的學習型態。

模仿這件事情是寫在基因裡的！你想想看，如果我們的祖先沒有模仿其他動物／人類的行為，我們就很有可能因誤食有毒的食物而身亡，或是不小心被天敵吃掉。你應該也有發現到，孩子非常喜歡模仿你的行為。我家裡有兩個小孩，他們除了模仿我之外，還會互相模仿。我常會發現老二喜歡模仿老大的一些行為。當然，有時候老大也會模仿老二的行為。

再分享幾個我自己的例子：有時候我難免會在家裡辦公，孩子看到我盯著電腦螢幕敲打鍵盤，老二有時候就會模仿我敲打鍵盤的動作，還會很得意地跟我們說他正在工作。另外，由於家裡有聲控設備，兩兄弟也透過模仿，學會怎麼控制這些設備，還下了很多奇怪的指令，真是讓人很頭痛。

對孩子來說，模仿別人的學習是最自然，也是最有效的。所以也不要怪他們會這麼做，反而該鼓勵他們多觀察別人，然後放手讓他們去嘗試，孩子才有機會修正這些模仿學習而來的知識。

・認知學習・

前面談到的連結學習、模仿學習，都是一種為了得到什麼而發生的學習。那麼如果沒有直接好處，我們還會學習嗎？理論上是有難度的，因為就像之前說的，大腦是很節省能量的一個器官，如果做了一件事情，一年後才會有獎賞，恐怕連成年人都不太會願意去做。

但是，有一種學習是不會即刻產生後果的，也可以說是**為了習得知識而發生的學習**。最經典的例子來自於老鼠的研究。

過去拿老鼠做研究的科學家總認為：如果沒有在迷宮的終點給老鼠獎勵，牠們就不會走迷宮。但是有一位心理學家做了一個有意思的研究，他把吃飽喝足的老鼠放到迷宮當中，讓牠們盡情的探索這個迷宮。迷宮裡有一個位置放了食物、一個位置放水。在探索迷宮的時候，這些老鼠都沒有去吃食物、喝水，也就是說沒有獲得即時的獎賞。事後他把這些老鼠分成兩組，一組不給飯吃，另一組不給水喝，再把牠們放進迷宮中，就發現：挨餓的老鼠會直接往有食物那邊跑，口渴的老鼠會直接往放水的地方跑去。這個研究就說明，**即使沒有立刻的獎賞，學習還是會發生的**。

學習型態	起始年齡	學習成果的彈性	高層次能力的涉入	對學科學習的影響
連結學習	小	中	低	中
模仿學習	小	低	低	低
認知學習	大	高	高	高

以上三種學習中，模仿學習最容易發生在學齡前的孩子身上，但這並不表示只能透過這樣的方式來讓小孩子學習。你可以觀察哪種學習方式對他是最有幫助的，然後再為孩子制定適合他的學習計畫。另外，**孩子在學習不同的東西時，最佳的學習型態可能是**

不同的，要多嘗試不同的學習方式，來達到最佳的學習效益。

例如你想要讓孩子學舞蹈，那麼你帶她到舞蹈班去試課時，就可以在旁邊觀察她的行為。如果孩子對舞蹈感興趣，看到老師在音樂中跳舞，就會去模仿，嘗試跟著跳。這樣就是模仿學習。

但是也可能有的孩子適合用連結學習。比方說，你把一次舞蹈課和一頓好吃的連結在一起，把好吃的東西當作獎勵，孩子可能會更願意去學舞蹈。但這種方法不能常用，會讓孩子產生依賴。

其實爸爸媽媽們在教育孩子的過程中，很多時候是結合了這三種方法。舉個例子來說：

- 如果你要教孩子理解數字「4」，可以先在白紙上寫個「4」，然後讓孩子讀出「4」，之後試試看用手指數出「4」，再試著在白紙上書寫一個「4」。這個步驟就是模仿學習。
- 然後你給孩子做示範，從身邊物品中，找一件數量為4的東西，例如4條腿的桌子。跟孩子一起數：「1、2、3、4，桌子有4條腿，我發現一個『4』！」這就是認知學習。在這個過程中，雖然沒有直接獎勵，但孩子還是學會了「4」這個數字。

- 最後你可以鼓勵孩子去發現生活中數量為4的東西，引導孩子發散思維，例如「4」個輪子的汽車，「4」條腿的小狗等等。在孩子自己發現「4」的過程中，你一邊給予他很多鼓勵和表揚，反過來也強化他再去尋找。這個過程就是連結學習。

心理學家爸爸之單元小任務

在這個單元中，介紹了學習是什麼，也討論了我們是怎麼學習的。接下來，請你完成下列任務：

1 用一句話來說，你認為學習是什麼？

2 本單元中提到了三種學習型態：模仿學習、連結學習和認知學習。透過文中的例子，請想想你最近一次教孩子用到了哪一種或哪幾種？

第二章 逼孩子努力，不如給他學習力

大腦的發育和孩子的學習是息息相關的，但是，你真的了解大腦是怎麼運作的嗎？

我想先簡單測試一下，請大家回答幾個問題：

(1)你是否相信人類大腦只有10％被開發了？

(2)你是否相信所謂的右腦開發？

(3)你是否相信聽莫札特音樂就能提升孩子的腦部運作？

如果這三件事情，你都相信，那麼就有點麻煩了。

因為你被騙了，這些資訊都不正確。我暫時不一個一個說明為什麼這些資訊是錯誤的，就先談談為什麼很多人會相信這些腦科學的謬論吧。

其實最主要的原因，就是我們對於大腦的運作都不熟悉，在面對這些偽科學的時候，完全沒有招架能力。而我們又都希望自己或孩子可以有更好的發展，既然有人提出來一個做法，就會擔心自己如果沒有跟著做，是不是就會輸給別人了。

這樣的焦慮是難免的，但是用了錯誤的方法，可能只是勞民傷財，頂多降低了焦慮感，實際上什麼幫助也沒有，甚至會帶來傷害。所以，接著我要告訴大家最正確的資訊，讓你**了解大腦的運作，知道要怎麼搭配大腦運作的節奏，來提升孩子的學習力**。

大腦的發育特性

大腦和很多身體的器官一樣，在孩子出生時都還沒有發育完全，但是大腦的發育有幾個特殊性，包括**可塑性強，有敏感期，區域發展的差異性**，以下分別說明：

可塑性強

可塑性的「塑」，就是塑膠的「塑」，強調有很多變化的可能性。大腦發育除了受到天生內定的規劃之外，也受到很多後天因素的影響。科學家對同卵雙胞胎的研究就可以說明這點。同卵雙胞胎，就是大家看到那些長得幾乎一模一樣的雙胞胎，他們的基因完全一樣。有研究發現，同卵雙胞胎如果在不同環境成長，大腦的發育會有所不同。

大腦之所以要有那麼強的可塑性，可以說是一個演化而來的禮物，因為環境隨時會有變動，如果負責主宰人類行為的器官——大腦，沒有辦法彈性調整，就很容易面臨生存的危機。

過去的研究認為大腦的可塑性只發生在孩子身上，但隨著研究技術的進步，最新研究已經證實，即使在老年人身上，大腦也會展現可塑性，顯示**只要後天的環境持續給予刺激，大腦就有機會做出改變**。

不過，這樣的可塑性也不是能夠無限上綱的，還是有一定的局限性，而且是源自於天生就具備的限制。

很多證據都顯示，腦的運作在二十五歲左右（甚至更早）達到了高峰，之後就開始下滑，只是每種能力下滑的速度不一，每個人下滑的情形也不一樣。在孩子年紀越小的時候，大腦越容易因為經驗而發生改變；而隨著年紀的增加，要發生改變的成本越來越高。如左頁那張圖所顯示的，黑線就是大腦的可塑性，藍色的線是要發生改變的難度。可以看出，隨著年齡的增加，改變的難度是越來越大。

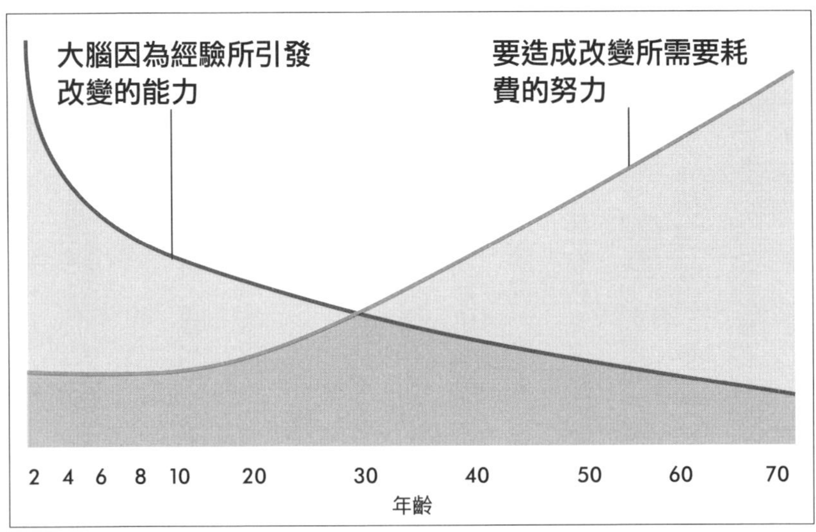

圖 2　大腦因經驗引發改變的能力會隨著年齡下降，但是改變需要耗費的努力，則是隨年齡而上升。也就是說，年齡越小，越容易因為經驗造成大腦的改變。※ 資料來源：Levitt (2009)

每個爸爸媽媽都希望孩子好，所以很容易就會陷入一個困境，想一股腦兒把所有東西都塞給孩子。在知道大腦有那麼強的可塑性之後，更加覺得有其必要性，因為給的資訊越多，孩子的大腦就會發育得更好。但是這樣的做法會有幾個問題：

第一、大腦的運作相當耗費能量，如果讓大腦承載過多資訊，又無法補充足夠多的能量，反而會造成疲勞，甚至影響大腦正常運作。

第二、將資訊一股腦兒丟給孩子，學習成效會很差，因為神經元持續在活動，很難有效率的形成有意義的新連結，學習也就很難發生。

第三、當大腦中的資訊越多的時候，大腦運作的速度會受到一些影響。所以，**學習絕對不是多多益善，而是要在對的時間，給予適量的素材**。

說到提供素材，我想再來談談另外兩個關於促進大腦發展的迷思。第一個就是我們大腦是否只用了10%呢？

首先，10%這件事情過於誇張，即便只是做一件很簡單的任務，例如活動手指，做手指操，大腦中活動的部分都遠遠超過10%。其實不管大腦究竟用了多少，我們都還有進步的空間。大家更需要知道，是否有辦法幫孩子開發潛能，讓孩子更聰明。

第二個迷思就是坊間盛傳有研究發現聽莫札特音樂會讓孩子變聰明、更有創造力。甚至有業者看準商機，用了一個詞彙「莫札特效應」來說明這個效果，推出很多CD。

但究竟有沒有效呢？雖然最初的研究確實發現聽莫札特的音樂，會提高空間思維的能力，但後來很多想要重複這個研究的嘗試都失敗了，沒辦法得到同樣的結果。

甚至有研究發現，不論是聽莫札特的音樂，或是讀偵探小說，只要做自己喜歡的事情，之後心智功能都會有所提升。換言之，關鍵不是莫札特音樂，而是讓孩子做他喜歡、有興趣的事情，他之後的表現就會比較好。不過如果只是讓孩子聽點音樂，陶冶性情，聽聽古典音樂倒是還不錯的做法。

有敏感期

相信爸爸媽媽在一些才藝班的廣告中都聽過一個說法，學習要趁早，否則孩子就學不會了。這樣的說法是從大腦發育有關鍵期的觀點出發，錯過了這個關鍵期，就沒有辦法發育特定的能力。

過去確實有一些研究證據比較支持關鍵期的論述，但是隨著儀器設備的進步，以及我們對於大腦可塑性的理解，關鍵期的觀點逐漸式微。就拿學習外語來說，有人認為學習外語要趁早，否則孩子就學不會。但是有證據顯示，語言的發展不是過了學齡前這段時間就不會發生，很多人都是成年以後才開始學習外語，也能夠達到很精熟的程度。

雖然說學習不是錯過某個時間點就不會發生，但**不同能力的學習是有發育敏感期的**，也就是說，個體在某段期間對於學會某項能力最為敏感。所以，**我們需要了解不同能力發育的敏感期，在對的時間給予相關的刺激，才能幫孩子的學習加分**。不過要提醒大家，雖然敏感期是存在的，但是孩子大腦發育的敏感期仍有一定程度的個別差異，沒有一個絕對的標準可以告訴大家，什麼時間點是某個能力的發育敏感期。

坊間有些機構把孩子發育的敏感期分得很細，但實際上並沒有支持的證據，多數能力的發育都有蠻長的一段區間。美國國家科學院（National Academy of Sciences）在二○○○年出版關於兒童早期發展的專書中，以神經元的突觸當作依據，發現視覺、聽覺能力，突觸的高峰大約是出生後半年，但會持續修正，直到五歲左右，孩子的突觸數目會和成年人接近。而語言相關的突觸，數量的高峰約在出生後八個月，然後也是到大約五歲，會接近成年人的突觸數目。相對的，高層次的認知能力，突觸數量的高峰就發生得比較晚，要到青春期左右，才會和成年人的突觸數目是接近的。

與其執著於敏感期，我更建議爸爸媽媽參考孩子發育的里程碑，衛生福利部國民健康署網站上的兒童發展連續圖（https://reurl.cc/QpyVnZ）就是一個好的參考指標。你可以依據建議的發展里程碑來引導孩子，並且依孩子的特性彈性調整（例如孩子的語言能力發展較超前，就給予難度較高的刺激，讓他的語言能力可以更上層樓），對孩子的大腦發育就是最好的。

區域發展的差異性

除了孩子大腦的發育有個別差異，**在同一個孩子身上，不同腦部區域的發育也有所**

差異。感官能力（如視覺、聽覺能力）的發育是最早完備的，這也不難理解，因為要能夠處理感官資訊，他們才有辦法存活下來。基本上，與生存越直接相關的能力，就會比較早發育。此外，**除了先天內定的發育規律，環境的因素也會影響孩子的發育**。

像是前面提到過的，我們的大腦中有一塊區域主要負責處理視覺訊息，但是對於天生看不見的人來說，那塊腦部區域可以做很多別的事情，比如處理觸覺、聽覺有關的資訊，這種改變很明顯是後天學習到的，用來彌補先天的不足。這就是後天因素對大腦發育的改變。

談到這裡，或許有人會問，既然大腦的發育存在著區域發展的差異性，那到底是左腦先發育，還是右腦先發育？

其實這不是值得糾結的問題。有一個科學團隊就研究過一至三歲孩子的大腦，發現三歲以下的孩子，什麼事情都不做的時候，右腦比左腦的活動要多；過了三歲之後，左腦就比右腦活躍一些。但是，後來的研究又表明左腦的發育是比較早的，所以這問題在科學界仍沒有定論，我們家長如果還執著於要先刺激孩子哪一個腦的發育，恐怕也沒有什麼意義。

說到左腦右腦，大家可能很快就想到，有些幼教機構就是在宣傳這種差異性，要給孩子做右腦開發之類的。這源自於過去很多人都聽過的一個說法，說左腦是管運算和邏輯思維的，而右腦是管藝術和創造力，然後說右腦比左腦容量大一萬倍等等。

這絕對是對腦科學的誤解！

對於任何能力來說，或許有所謂側重於左腦，或是側重於右腦的狀況。但是，側重的意思並不表示只有左腦負責這個特定的能力，右腦就完全置身事外，通常**關鍵在於左右腦啟動的快慢**。

當我們說某項能力主要由左腦負責的時候，意思是左腦會優先啟動與這項能力相關的機制。在多數的情形下，左右腦都會共同活動，來負責完成某項任務。

也就是說，「側重」不意味著「完全掌控」，多數情況下我們都是「全腦」型的人，做任何事情都需要左右腦的協作；縱使某項能力的發育，在早期側重於左腦或是右腦，當我們在訓練孩子的時候，很難做到只訓練左腦，或是只訓練右腦。最重要的是，**要在對的時間給予大腦所需要的訓練**。

另外，還有一個相關的迷思就是性別對大腦發展的影響。人們會認為女性左腦發展比較好，所以語言能力較好；男性則是數學能力好。實際上，男性跟女性在能力上的差異沒有明顯不同，腦部的發展也沒有明顯差異。附帶一提，左腦、右腦到底哪一個和邏輯思維，哪一個和藝術、創造力比較有關係，也是沒有定論的。

總的來說，**要促進孩子大腦的發育，除了了解先天上的發育敏感期之外，就是多給予適當的刺激，並且在對的時間點給予刺激，才能發揮最大的效益**。以視覺發育為例，因為發育的敏感期是出生至六個月大，就該在這段時間多給予符合難度的視覺刺激，像是黑白對比的大方塊，就能促進孩子視覺腦部區域的發育。

不過要注意的是，這個「刺激」，不是什麼電擊或是什麼驚險的項目，而是**環境給孩子提供的學習機會**。例如一首歌，甚至一個音符，就是對聽覺的刺激；一項運動，或是一個動作，就是對大腦中運動系統的刺激。

請大家千萬要記得，大腦的發育有很大的個別差異，所以要根據自己孩子的發育狀況來做調整，不是看到書上說幾個月大是什麼能力發育的敏感期，就只針對那個能力去做學習。書上所列的標準只是幾千幾萬個孩子的平均水準，一個孩子可能會低於這個水準，而另一個則可能會高於這個標準。你的孩子可能在某一方面表現不夠標準，但是另一方面會遠遠高於平均水準，這些都是不一定的。我們一定要了解到，每個孩子都是不一樣的。

如何提升大腦運作效能

在前面我提到了大腦發育的特性，也強調要在對的時間給予孩子適當的刺激，對於孩子大腦的發育最有幫助。而除了促進大腦的發育之外，我們還能夠透過一些做法：多做練習和使用正確的策略，來提升大腦運作的效能。

多做練習

熟能生巧可以說是一個優良傳統了，這個辦法對於提升大腦運作非常有效，原因是**重複練習可以強化神經元之間連結的形成**。我在第一章也提到過，學習的效果就體現在腦細胞之間形成連結，而這種連結越強，就能讓大腦的運作更有效率。就好像要搭捷運去某個目的地一樣，如果捷運路線有越多交錯點，你就不需要繞遠路，而是可以透過轉乘，快速抵達目的地。

但是**多做練習並不表示要一直重複做同樣的事情**，那樣做不僅沒什麼成效，而且容易厭倦，降低興趣。正確的做法是：用不同的方式來重複學習同樣的東西，以及分散練習。

用不同的方式重複學習同樣的東西

就拿學古詩來說，當我們要教孩子學一首古詩，不是反覆讓孩子背誦，然後強迫他認識詩中的字。我們可以先念詩給孩子聽，或者讓他朗讀出來。因為大腦天生對節奏敏感，透過念詩的方式，詩的節奏感和韻律可以有效刺激孩子的大腦。此外，還可以用唱歌，或者打節拍、比動作的方式，熟悉古詩的節奏，幫助記憶。背詩的時候，也可以用玩遊戲或是給孩子出題的方式，讓孩子在玩樂中自然學習。

等孩子大一些了，再去深入了解詩中的字和領悟文字之美。這些做法都重複了孩子對古詩的認識，但是用了不同的媒介，一舉多得。因為孩子一方面對於古詩有了更多認識，而不是單純機械式記憶；另一方面，孩子每次的學習都調動了許多感官，能夠讓他對於學習詩歌更有興趣。

分散練習

所謂分散練習，就是把時間切割成區塊來學習。因為孩子的專注力有限，如果長時間的練習，不僅容易疲勞，孩子在幾分鐘後也可能完全無法專注，根本無法達成預期的效果，而分散練習可收到比較好的學習成效。分散練習還有另外一個好處，是和記憶有關。把學習時間切割成好幾塊，這樣每次學習都會在不同的情境中。就拿前面背詩的例子來說，在念詩環節拍著手打節拍，在唱詩的時候播放音樂，這些都是不同的情境資訊，能給孩子不一樣的刺激。以後你每次拍手或播放那首歌，孩子就會想到當時念的那首詩。這其實是一個記憶策略，背後的原理會在後面有關記憶的章節中詳細介紹。

分散練習和要用不同的方式練習，原理都是類似的，都希望透過更多元的經驗，來穩固學習的成效。

正確的策略

除了多做練習之外，另一個很根本的做法就是引導孩子使用正確的策略，也就是說引導孩子該怎麼學習，該怎麼面對生活的各種狀況。更通俗來講，就是教孩子怎麼做事情，例如怎麼整理東西、怎麼做行程規劃、如何烹飪等等。

其實我很理解爸爸媽媽們的想法，教孩子不是一件容易的事。很多時候，我們已經太熟練一件事情，要教導別人去做這件事情時，往往會忽略一些小細節，造成別人沒有辦法學會。這是因為教導者和學習者之間的知識落差太大，導致會有這樣的狀況。而做為成年人，我們和孩子的落差肯定更大，孩子對於很多事情都還不理解或者沒有辦法理

圖 3 圖左是沒有排列的，圖右是有排列的。當蘋果排列整齊的時候，孩子數數比較不會出錯。

解，以至於要引導孩子做事情的時候，需要很多解釋。不過，只要**多從學習者（孩子）的出發點來思考，你就能夠引導他學習正確的策略**。

舉例來說，教孩子數數的時候，你有沒有讓他去數東西呢？

比如孩子眼前有很多蘋果（如上圖左），他很自然的會一個一個數，數錯了又要從頭來。這樣的做法很容易犯錯，而且相當沒有效率。如果我們先把蘋果排列好（如上圖右），孩子在數有幾顆蘋果的時候，就記得住從哪開始到哪裡結束。只是這樣一個小舉動，就能夠吸引孩子的注意力，而且還符合他的記憶能力。

心理學家爸爸之單元小任務

在這個單元中，介紹了大腦的發育特性，請你回想一下，回答下面的問題：

【是非題】

（ ）1人類大腦只開發了10%。

（ ）2孩子如果到青少年期才開始學習外語，就不能達到很高的熟練度了。

（ ）3某些能力會側重於用到左腦，或是側重於用到右腦。

（ ）4某些能力只會用到左腦，或是只會用到右腦。

（ ）5熟能生巧的意思是要多做練習，只有一直重複做同樣的事情才能學會。

（※答案與說明請見附錄三〇一頁）

PART 2

如何提升孩子的學習力？

——親子小遊戲，玩轉學習腦

學習會受到很多因素的影響，

在第二部分，

我要跟大家介紹一些會影響學習的心理運作，

並且告訴你，

這些心理運作，和學習有怎麼樣的關係。

第三章
知覺力：學習的觸發器

我要先講一個非常非常老的故事。相信很多人小時候都聽過海倫凱勒的故事吧。她在幼年時喪失了聽覺、視覺，曾經一度過著動物般的生活。但是在她的老師蘇利文鍥而不捨的努力下，她理解了外界刺激是有意義的。

這句話是什麼意思呢？舉例來說，在海倫凱勒學習「water（水）」這個英文單字時，她的老師就把水滴滴在她的手上，然後在她手心寫下「water（水）」的拼法，再教她利用雙手感受別人說這個單字時的嘴型變化。透過蘇利文老師的細心引導，海倫凱勒才終於知道，這些感受都是有意義的，都指向同一個東西──水，而不是很隨意且單純的皮膚接觸。

對於一般人來說，這種連結的過程比較簡單，也更加微妙。你試想一下，假如我們的大腦不會整合這些外界刺激，你根本就沒有辦法把聽到的水聲、看到的一滴水，以及碰到水時涼涼的感覺聯繫在一起。這種**聯合不同感覺，並形成自己感受的過程，就是知覺**。知覺讓我們不再被動接受外界的刺激，也讓我們的生活和生命有了意義。

知覺是什麼？

從海倫凱勒學習單字的例子，你會發現知覺對於學習似乎很重要。那知覺能力究竟是什麼？

學術上的定義是，知覺「組織並解釋外界客體和事件產生的感覺資訊」，這定義聽起來很繞，其實從腦科學的角度來解釋可能會更容易懂。這個概念可以拆成兩部分來理解，第一個部分是將外界的物理刺激，轉變為大腦（確切來說是腦細胞）的反應。比如視覺細胞對光波有反應，我們就可以看到東西；聽覺細胞對聲波有反應，我們就會聽到聲音。這個部分也可以叫做「感覺」，**感覺是知覺的基礎**。

至於這個定義的第二個部分，就是在說我們的大腦能夠把這些反應組織起來，形成對於事物的一些理解，進而採取一些做法。舉例來說，我們之所以看到紅燈會停下來，其實就包含幾個步驟：

(1)要知道紅燈的位置
(2)紅燈的出現能夠引起腦細胞的反應
(3)我們知道紅燈代表要停下來的意思
(4)做了停下來的行為反應

在這幾個步驟中，哪些是感覺資訊呢？比如說紅燈就是一種外界刺激，我們察覺到紅燈出現就是一種感覺。而我們之所以停下來，是因為我們主動連結了相關知識，對於這個感覺資訊有了自己的解讀，這就是知覺。

對多數的人來說，感覺過程是沒有差異的，主要的差異來自於知覺的部分。

再舉個例子。幾年前，有一張裙子的圖在網上流傳很廣，第一眼看到這條裙子，有人說這是一條白色和金色的裙子，也有人說它明明是藍色和黑色的。這就是一個很好的例子。圖片帶給我們的刺激是相同的，也就是說，這張圖給我們的感覺資訊並沒有差異，但因為每個人後續的神經運作不同，所以對這條裙子的顏色做了不同的詮釋。

即使是同年齡層的人，都會有不同的知覺運作，更何況是成年人和孩子之間的差異，但我們往往會不自知，還以為是孩子在找麻煩。比如你和孩子都看到那張圖，你認為裙子是藍黑色的，而孩子認為是白金色，這時候你就不要批評他了。

其實不光是在知覺部分，甚至在感覺層面，大人和孩子也會有很大差異。例如人類能夠處理的聲音，會隨著年紀有很明顯的變化，年紀越大的人，對於高頻率聲音的處理越差，也就是說基本上聽不到高頻率的聲音。所以，下次孩子說某個地方很吵，不要急著數落他，因為很有可能那個噪音的頻率是你聽不到，但孩子可以聽到的。（大家可以用這段影片 https://youtu.be/sZHWY1KBHwc 測試自己的聽力。）

知覺與學習的關係

知覺是學習的根本

多數的人或許沒有像海倫凱勒一樣的人生經歷，所以很容易就會忽略知覺能力的重要性。但是若我們的大腦不會組織所有的感覺資訊，也不會解讀這些資訊，你無法把聽到的水聲、看到的水滴、讀書時讀到的「水」，和碰到水時涼涼的感覺聯繫起來，就沒有辦法認識「水」這個東西。知覺處理在人類的心智運作上，扮演著非常重要的角色，因

鼓勵孩子多去探索，
多感知不同的事物，
才有機會 領悟這個世界的美好。
哪怕在家中，
肯定都會 有一些角落、一些東西，
是我們從來沒有注意過的。
跟孩子一起探險吧！

為我們**大腦要能夠對外界的事物有反應，都依賴著知覺處理。如果知覺出了狀況，影響是非常深遠的。**

除了海倫凱勒的例子之外，我再分享一個小女孩的故事，這個美國小女孩名叫派帛（Piper），當她的媽媽發現派帛到該會爬行的年紀還不會爬，就帶著她到醫院檢查，結果發現她有先天性非常嚴重的遠視。後來醫生給派帛配了一副眼鏡，她的媽媽也用影像記錄了孩子第一次戴上眼鏡的反應。當派帛發現周圍的世界變得清晰，她終於看清楚眼前事物的時候，表情真的超開心。

這個例子可能還是有點極端，但是它說明了知覺對於孩子整個身心發育的影響。視力不好直接影響到了小女孩動作的發展，沒辦法到處爬行的她，肯定會比其他孩子少接觸到很多東西。如果派帛一直沒有配眼鏡，她會錯失很多學習新東西的機會。所以說，知覺和學習有非常直接的關係。

知覺與學習效率

知覺對學習最直接的影響，就是掌管了資訊是否能夠被處理。有些人擅長處理影像，即使只是短暫看一眼，也能夠馬上攫取周遭的視覺資訊。我太太就是一個擅長處理影像的人，之前去旅行的時候，我拿手機上的圖片給店員看，問她有沒有販賣這款剛推出的產品，店員搖搖頭說沒有。我本來已經放棄了，但太太要我把那張圖片拿給她看，她看了一下之後，很快就在上百個產品中找出來我要的東西！

資訊處理的效率是非常重要的，因為我們所處的環境充滿各種資訊，更糟糕的是裡面有很多雜訊。如果知覺系統不能幫我們**快速找出資訊，排除雜訊**，我們的學習就會大大受到影響。曾經有心理學家記錄老師在閱讀課本時眼球移動的軌跡，然後比較讓學生自己自由閱讀，或是跟著老師眼球移動的軌跡來閱讀，結果發現：跟著老師眼球軌跡閱讀的學生，對於課本有比較好的理解。

坊間也有一種速讀法，他們的論點就是人類在閱讀的時候，眼球要移動位置，雖然時間很短，但還是太浪費了。於是，他們就讓所有的字出現在畫面正中央，然後用很快的速度依序呈現文字。初步的結論也發現，用這種方式閱讀會比較有效率，對於內容的理解也沒有比較差。以上這些證據都說明，知覺對於我們在處理資訊上有很大的影響，也會影響學習的成效。

另外，**知覺運作中將資訊做分類以及階層化的排列，也會影響到資訊處理的效率**。就像在閱讀書籍時，書中會有標題、子標題、斜體、條列式等不同的格式，這些都有助於提升資訊處理的效率。雖然很多時候，這樣的分類和排列，都不是我們自己去做的，但是我們也要能熟悉把資訊組織起來的方式。

對於還沒有組織的資訊，如果我們能夠用一些知覺屬性來加以組織，像是依據「顏色」、「觸感」或是「押韻」等屬性，也能夠大大提升學習的效率。對孩子來說，他們還不擅長組織資訊，我們就可以用恰當的方法提升孩子的知覺能力，先從比較簡單的資訊做練習，知道要去組織資訊，而不是傻傻地就開始做。

知覺與意義的學習

另一個知覺運作對於學習的影響，就是「意義的學習」，也就是要讓資訊變得是有意義的，或者說讓各種感官訊息變得有意思，可以被有效組織並利用起來。

讓事物變得有意義，是學習過程中相當重要的一個環節，因為當事物沒有意義的時候，學習者一方面會學得不好，甚至有可能只會被動的背誦或是模仿，另一方面會很容易放棄學習。

知覺運作是孩子最早發展的心智運作，本身就是一個反覆把事物賦予意義的過程，多讓孩子做知覺處理，對孩子的學習絕對是大有幫助。

孩子必須從反覆的知覺回饋中去認識世界，就像孩子一般不知道冒煙的東西多數是會燙手的，如果他沒有辦法把「冒煙」這樣的知覺屬性賦予意義，就有可能會讓自己被燙傷。我並不是建議爸媽讓孩子去摸冒煙的爐子，這樣太危險了，但是可以試著：

- 讓孩子觀察一鍋水，從剛煮好會冒煙，到冷卻後沒有看到煙再冒出來，從這樣的經驗中去學習，把冒煙賦予意義。

冒煙只是其中一個例子，其他像是「閃爍的光線」，通常代表著警示、提醒；「巨大的聲響」往往也有警示的意義，這些都是我們要讓孩子學習到的。還有我們講話用不同的語調，多數時候是要表達不同的意圖，像是「大聲講話」是要有點生氣、強勢，若孩子能學會這些知覺屬性的意義，對他們日常生活的人際互動也會很有幫助。

如何提升孩子的知覺力

在認識了知覺對孩子學習的影響之後，爸爸媽媽一定迫不及待想要知道怎麼提升孩子的知覺力吧！在這一節，我會從兩個關鍵點出發：(1)**為孩子提供多元的感官體驗**，(2)**提供感官整合的機會**，告訴你如何透過遊戲來提升孩子的知覺力。

知覺力學習樹

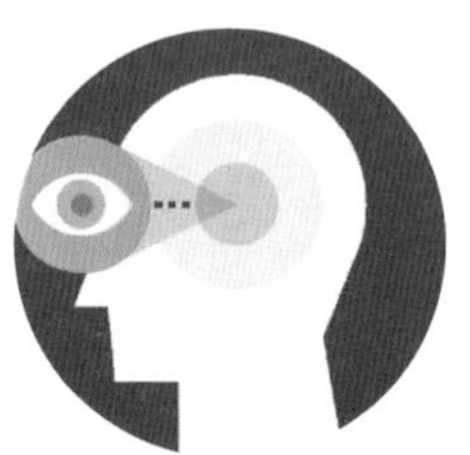

如何提升孩子的

知覺力

多元的感官體驗

不要只仰賴視覺

猜猜這是什麼（p.75）
找一樣的東西（p.77）

多元探索

小偵探（p.79）
探索達人（p.81）

感官資訊整合

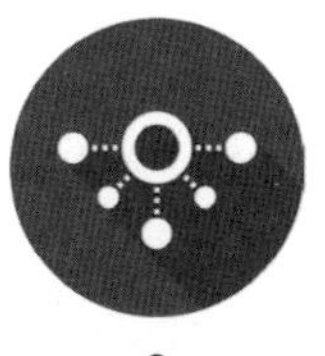

鼓勵多去感受

靜坐體驗（p.83）
玩偶生病了（p.85）

鼓勵多感官

小小記錄家（p.87）
模仿大賽（p.89）

多元的感官體驗

雖然我們常會覺得自己生活中只有仰賴視覺，但事實上，不同的感官也都影響著我們，如果只仰賴某些特定的感官，就會受到影響而不自知。

像是你可能進到一間餐廳，感覺渾身不舒服，很有可能是空間中瀰漫著一股你不喜歡的氣味，導致你受到影響。所以，若能夠引導孩子善用自己各個感官，對於他們正確認識這個世界是很有幫助的。

不要讓孩子只仰賴視覺

相較於其他感官能力（如觸覺、味覺等）的發育，視覺其實是比較晚發育完備的一個能力，但是視覺對於孩子的影響太大了，很容易就會逐漸傾向仰賴視覺和外在的世界互動。

不過除了視覺，知覺力還包括聽覺、觸覺、嗅覺和味覺等。想要提升孩子的知覺力，強化學習的效果，你可以鼓勵孩子多運用其他感官，探索一件物品的多元感受，擁有多元的感官體驗。

適合遊戲：【猜猜這是什麼】把孩子的眼睛遮住，請他用聽、摸、聞，或者品嚐的方式，猜一種東西是什麼。（七十五頁）【找一樣的東西】指定一個物體，讓孩子找出和它有相似點的東西，但不要局限於看起來像喔！（七十七頁）

同一個刺激多元探索

很多時候我們對一個東西的想像，常局限於某個特定的屬性。像是一般想到球，只會想到球是圓的，可以拿來拍、會滾動，很少去想球聞起來是什麼味道，撞擊到不同的表面，是否又會有不同的聲響。

建議爸爸媽媽可以和孩子一起探索東西的不同面向，尤其是不太熟悉的感覺和物品的各種屬性，從非典型的方式觀察常見的物品，對於提升知覺力也很有幫助，慢慢孩子就會用更多元、有創意的方式來看待事物。

適合遊戲：【小偵探】提供孩子特定的感官線索，讓他去尋找符合線索的東西。（七十九頁）【探索達人】和孩子輪流說出一件東西的各種屬性，看誰說得多。別忘了發揮創意喔！（八十一頁）

感官資訊整合

首先我要聲明，這部分不是要介紹所謂的感覺統合，因為感覺統合這個概念被濫用了，很多人根本是胡亂把活動套上感覺統合，然後大家就盲目相信了。市面上，我們看到的感覺統合五花八門，有些強調感覺和動作之間的整合，有些則是強調不同方面感官資訊的刺激。

但是感覺統合這個概念的提出者琴．艾瑞絲（Jean Ayres）認為：感覺統合真正的關鍵，在於整合體內與外在環境所造成的神經反應，讓個體可以更有效率地和環境互動。所以，「感官資訊整合」更能夠表達原創者所定義的概念。

・鼓勵孩子多去感受・

現代人的生活步調太快，很多時候孩子被爸媽催著做事情，往往沒機會好好處理自己的感受。如果孩子都是照著別人說的去做，沒有整合自己的感受，長遠來看是會出問題的。不少孩子長大了，或是成年了，有些講不出來的困境，很多都跟沒辦法處理自己的感受有關係，所以從小培養孩子認識自己的身體感受，是非常重要的。

適合遊戲：【靜坐體驗】打坐，引導孩子關注內心的感受。（八十三頁）【玩偶生病了】和孩子玩扮家家酒遊戲，並且在遊戲中引導他回想生病和健康的感受。（八十五頁）

鼓勵孩子用超過一個感官

除了傳統的五感（視、聽、嗅、味、觸覺）之外，知覺力還包括平衡感與感知身體不同部位位置和關係的本體感覺，以及跟內臟活動有關的內省感（指對身體內部狀態的感受，比如餓了、累了、肌肉酸痛等）。

因此，我要提醒各位爸爸媽媽，要鼓勵孩子在探索的時候，多用各種感官去感受，特別是五感以外的感受，讓所有的感官都興奮起來！

適合遊戲：【小小記錄家】鼓勵孩子用畫筆畫出自己的感受。（八十七頁）【模仿大賽】和孩子模仿物體的動作，關注模仿時身體的感受。（八十九頁）

知覺力遊戲①【猜猜這是什麼】

隨時隨地都能玩，玩法簡單，特別適合在吃飯前進行

準備材料：能帶給孩子特殊感受的東西，比如蒸蛋、檸檬片、香蕉等

鍛鍊能力：視覺、聽覺、嗅覺、味覺、觸覺，注意力，語言表達能力

難易度：●○○

這個遊戲玩法很簡單，把孩子的眼睛遮住，拿出準備好的東西，讓孩子用聽、摸、聞或者品嘗的方式，猜猜那是什麼東西。

在吃飯前進行時，你可以準備一些能帶來特殊五官感受的東西，比如軟軟的蒸蛋、酸味的小檸檬片、刺鼻的洋蔥，還有各種水果……讓孩子閉上眼睛，給他一小匙食物，請他猜猜那是什麼。過程中，記得多鼓勵孩子描述自己的感受：

「聞一聞，這東西是香香的，還是很難聞？」

「舔一舔，它是什麼形狀，是軟軟的嗎？」

「嘗一嘗，吃起來是什麼滋味呢？」

如果孩子還太小，不太會說話，沒辦法用口語表達，可以在孩子探索一陣子之後，讓孩子睜開眼，給他幾樣東西，猜剛剛的東西是哪一個，這樣他的知覺力和語言表達能

力都會得到提高。你也可以跟孩子一起玩，看看誰能夠先猜出是什麼東西，增添孩子玩這個遊戲的興致。

另外，這個遊戲還有個「副作用」，它能讓孩子品嘗自己不愛吃的東西。如果你的孩子平常不愛吃紅蘿蔔，你可以在他閉眼時，讓他聞一聞，嘗一口，說不定他就喜歡上了呢。

當然嘍，這個「猜一猜」的遊戲不是只有飯前可以玩，它隨時隨地都能進行。比如在公園玩耍時，讓孩子閉上眼睛，猜猜身邊的聲音。

你可以問問他：「寶寶，仔細聽，你聽到了什麼？」

他可能會說：「有『嘩嘩嘩』的聲音，是身後的小河在流動；有『啾啾，啾啾』，是天上的小鳥在唱歌；有『哈哈哈』的聲音，是比我還小的小孩在開心地笑；還有『呼～呼～』，是風吹過的聲音。」

然後你再讓他睜眼驗證一下，看他猜得對不對。常常像這樣玩耍，未來孩子對和諧的自然聲會更加敏感。

知覺力遊戲②【找一樣的東西】

隨時隨地都能玩，可隨孩子的成長，調整遊戲難度
準備材料：任何東西，比如草莓、鳳梨等水果
鍛鍊能力：視覺、聽覺、嗅覺、味覺、觸覺，思維靈活性
難易度：●●○

先找一個家中的物品，然後請孩子找出跟它摸起來一樣，或是聞起來、發出的聲音是一樣的東西。孩子如果找到後，再請他找跟第二個物品有同樣屬性的東西。

像是我會拿一串鑰匙給孩子，先問他鑰匙摸起來是什麼觸感，聞起來有什麼味道，看起來又有什麼特性，接著才請他找家裡有哪些東西和鑰匙的屬性是一樣的。如果擔心孩子一開始會比較沒有頭緒，也可以準備好幾個物品，兩兩之間有共同屬性的，讓孩子比較容易找到一樣的東西。比如各種不同的蔬菜水果，都是很好的入門道具。

要注意，如果孩子說的是視覺上相似的東西，你可以提醒他再找找其他感覺上相似的物品。也就是說，假設你給孩子一個蘋果，他找到一枚蘋果貼紙，你可以對他說：「真棒，它們的形狀是一樣的！不過你還能不能找到一些東西，雖然和蘋果長得不像，但摸起來的感覺或散發出的味道，又或者入口的滋味和蘋果很像呢？」

有一次我跟老二玩這個遊戲，我先指定了家中的一個物體——一枚棉花糖，然後對老二說：「你能找到和棉花糖很像的東西嗎？嘗起來一樣、摸起來一樣，或者聞起來一樣都可以喔！」

老二：「草莓像棉花糖，都是甜甜的。」

我說：「沒錯。那什麼東西有點像草莓呢？」

老二：「（手指著桌上的鳳梨）鳳梨！它們身上都有點點，香香的。」

你看，他一下子就說出了草莓和鳳梨兩種相似的特點。

這個遊戲特別適合父母下班後陪孩子玩耍。只要你指出最開始的一樣東西，孩子會一個接一個地找下去，也許你喊停他都停不下來。這對孩子的思維靈活性和記憶是很好的訓練。

〔**變化**〕交給骰子來出題　難易度：●●●

如果孩子大一點，可以準備骰子，上面貼上感官名稱（視覺、聽覺、嗅覺、味覺、觸覺以及自由選擇），孩子丟骰子，丟到哪個感官，就要去找一個和指定物品在某個特定感官屬性上相同的東西。這遊戲還可以增加很多不同的變化，例如可以要求摸起來一樣，但是發出的聲音不一樣等等，對孩子來說是很好的訓練。

知覺力遊戲③【小偵探】

隨時隨地都能玩，創造刺激豐富的環境，讓孩子盡情探索

準備材料：任何東西，比如小玩偶、文具、球類等

鍛鍊能力：視覺、聽覺、嗅覺、味覺、觸覺，創造力

難易度：●●○

給孩子特定的感官線索（像是摸起來黏黏的），並且準備一些物品（橡皮筋、鐵尺、抹布等）讓孩子探索，請孩子找出符合這個屬性的東西（在這個情境下，孩子要選擇橡皮筋）。

一開始提供的感官線索可以比較常見。比如讓孩子去找摸起來毛絨絨的東西，孩子可能會從玩具箱拿起一隻米飛兔。當孩子掌握遊戲規則後，你就可以發揮創造力把難度提高，給孩子描述一些他不熟悉的感官線索，比如搖晃時會有聲音（如鈴鐺、萬花筒等）；用手壓下去會覺得黏黏的（如麵糰、餃子肉餡、水彩顏料等）。

〔**進階**〕多感官線索和混淆物　難易度：●●○

如果孩子比較熟悉遊戲了，可以嘗試一次給超過一個線索，並且準備一些混淆的物品（就是只符合其中一個線索的物品）增加遊戲的樂趣。比如線索是「圓圓的，扔在地

上會發出砰的一聲」，然後給孩子各種球類玩具來選，備選答案有乒乓球、礦泉水瓶、氣球、網球。

正確的答案是「網球」。如果孩子的答案是乒乓球，你可以引導他想想看，「乒乓球扔在地上是什麼聲音？聲音大嗎？是清脆的，還是沉悶的？」

注意哦，如果你的寶寶年齡還小，這些備選答案都需要是實物，實際呈現在孩子身邊，讓他能真正地去感受。寶寶答對了以後，你可以給他一個抱抱，或者用大拇指在他的額頭上蓋個章。

假如你家孩子已經具備一定的抽象思維能力，你可以直接告訴他備選答案，或者畫出來，讓他回想這些物品帶來的各種感受。如果孩子答對了，你可以給他加10分，看看孩子一共能加多少分。

最後要提醒的是，這個遊戲有一個風險，當孩子對各種物體的屬性越來越了解後，他可能會反過來給你出題，準備接招吧！

知覺力遊戲④【探索達人】

隨時隨地都能玩，最適合用來打發瑣碎的時間
準備材料：任何東西，比如玩具玩偶、路邊的大樹等
鍛鍊能力：視覺、聽覺、嗅覺、味覺、觸覺，創造力
難易度：●○○

準備一個東西，跟孩子輪流講出這個東西的屬性，只要不是講同樣的都可以，看看輪到的時候，誰講不出來就輸了。

我很喜歡跟老大、老二玩這個遊戲。我們會隨便拿出一樣玩具，比如老大用造型黏土捏的蝸牛，從老二開始，輪流說出它的屬性。

一開始兩個孩子搶著說：「它是藍色的」、「冰冰的」、「觸角尖尖的」、「摸起來滑滑的」……不過沒多久他們就說想不出來了。這時候我會給兄弟倆一些提示，問他們：「蝸牛和其他東西碰撞會有什麼聲音呢？」

他們就會拿蝸牛到處敲敲打打。敲完玻璃杯，告訴我是「叮叮叮」；敲完紙盒子，說是「咚咚咚」的聲音。老二還跑過來告訴我，把蝸牛放到水裡，「嘭」的一聲，然後就沉下去了。

這個遊戲最適合用來打發瑣碎的時間了。比如排隊買票時，看孩子等得無聊，我就會對他們說：

「我們來看看身邊的大樹，它有什麼特點。」

他們倆又會馬上開始探索，樹有多粗、多高，摸一摸刺手的樹皮，聞一聞葉子的香味。在孩子全面觀察後，我再告訴他們，這是什麼樹。他們下次再見到這種樹，往往會一眼認出來。這種學習效果，比直接把樹的名字告訴他們要好得多。

想要增加遊戲的趣味性，你還可以引導孩子體驗一些比較複雜、搞怪的屬性。例如石頭和石頭摩擦幾次，聞起來會有臭雞蛋的味道；敲金屬鍋蓋後，用手按住鍋蓋面，聲音會立刻停止……

像這樣引導幾次後，你就會聽到孩子說出各種五花八門的感受，他們在遊戲過程中學會了用更細緻、更有創意的方式來看待事物。由此可見，這遊戲除了提升孩子的知覺力，也培養了孩子的創造力！

知覺力遊戲⑤【靜坐體驗】

適合在家裡進行，靜坐冥想好處多，幾乎對所有心智能力都有益

準備材料：準備一個安靜的環境

鍛鍊能力：身體感受，注意力

難易度：●●●

靜坐或是冥想，是現在很夯的體驗活動，也是相當適合孩子的一個活動。腦神經科學的研究發現，靜坐、冥想幾乎對所有的心智活動有益，例如會讓人更專注、記憶能力變好、幸福感提升、更有創造力，當然也會提升孩子的知覺力。

你可能會說，我家孩子就喜歡折騰，坐三分鐘都靜不下來，更別提冥想了！

其實引導孩子靜坐是需要一點技巧的，可以先從閉上眼，幫助孩子關注自己的呼吸開始做起。選擇一個安靜的環境，關掉電腦和電視，對孩子說：

「像我一樣，放鬆地坐下來。現在我們來感受自己的呼吸，跟著我的指令，1是吸氣，2是呼氣。」

一開始，你可以按正常的呼吸速度發指令；漸漸地，放慢指令的速度，讓孩子的呼吸更悠長。然後問問孩子，感覺自己的呼吸有什麼不一樣。

另一種方法是關注身體部位。

靜坐時，你可以提醒孩子關注身體各個部位的感覺。比如用手撫摸孩子，輕聲問他：「小腿有沒有覺得很放鬆？」同時撫摸一下他的小腿肚；再往上移動後繼續問：「雙肩是放鬆的，還是僵硬的？」提醒孩子肩膀自然下垂。

總之，就是要讓孩子能夠多關注自己的身體變化。

知覺力遊戲⑥【玩偶生病了】

在家裡進行，可加深孩子對身體感受的理解
準備材料：孩子喜歡的玩偶
鍛鍊能力：內省感，同理心，問題解決
難易度：●●○

準備一個孩子喜歡的玩偶，跟他說這玩偶生病了，並且對孩子描述這玩偶的不同感受。然後問他是否有過同樣的感受？也請孩子想想看，可以用什麼方法來幫助玩偶。孩子若有想出一些方法，要讓他知道，玩偶因為有他的幫忙，某個部分的不舒服獲得改善。等到玩偶都沒有不舒服之後，還可以再問孩子，如果現在玩偶在做一些事情的時候，玩偶會有什麼樣的感受？

像我有一次跟老二玩這個遊戲時，我對老二說：「這隻小兔子生病了，你猜它現在是什麼感覺呢？」

老二：「想喝水。」

我說：「對，它的嗓子乾乾的，像冒著火一樣。」

老二：「它不能玩遊戲了。」

我問：「那你能用什麼方法幫幫它呢？」

老二：「給它喝水。」

我問：「（先幫小兔子描述感覺）喝完水後，小兔子的嗓子很濕潤，不過它的頭還是燙燙的，該怎麼辦呢？」

就這樣老二想了好多辦法，比如給小兔子打針、把濕毛巾放它頭上、給小兔子餵青菜……我代兔子對他表示感謝，最後告訴老二，小兔子康復啦，可以跟他一起玩耍了。

孩子通過回想自己生病時的感受，推測小兔子生病的感受，對內省感有了更好的理解，同時也提升他的同理心。幫助小兔子恢復健康，也是孩子嘗試解決問題的過程。一個遊戲，鍛鍊孩子多個能力。

〔**延伸**〕讓感受可以具象化　難易度：●●○

除了用玩偶之外，這個遊戲也可以用積木，或是用畫圖的方式，和孩子互動，目的是要讓感受可以具象化，讓孩子更容易接收到感受的變化。

知覺力遊戲⑦【小小記錄家】

在家裡進行，文字、繪畫或圖片，記錄形式不拘

準備材料：筆、紙，幫助孩子理解身體感覺的圖片（如冷、熱、痛、暈、睏等）

鍛鍊能力：平衡感和內省感，精細動作

難易度：●●●

請孩子記錄自己或是爸爸媽媽在不同情境下的感受，例如剛運動完，可能是「肌肉酸痛，肚子有點餓，不過心情感覺很愉快」。

孩子如果還沒辦法一次記下那麼多資訊，爸爸媽媽可以幫他多準備一些表達感受的圖片，比如痛、暈、睏等，以及一些描述情緒的圖片，讓孩子用選擇圖片的方式做記錄，並鼓勵他多記錄不同感官的感受。

你也可以在跟孩子玩遊戲以後，問他感覺怎麼樣，引導他把感受畫出來。有段時間老二很喜歡玩【老鷹捉小雞】，玩過以後，我就會問他：「感覺怎麼樣？」有時候他會說「真開心」，然後要求接著玩。這時他只描述了情緒感受，沒有說出自己的身體感受。

我接著問他：「我剛剛聽到你肚子咕咕叫了，你的小肚子是什麼感受呢？」

他會告訴我肚子有點餓，這就是對內省感的描述。我就讓他把「餓」的感覺畫出

來。他畫了一個小人，肚子上畫了好多圈圈。

有一次，老二很開心地追著老大跑，跑了一圈又一圈，突然一屁股坐在地上哭了起來。我抱起他，問他為什麼哭。老二委屈地跟我說他「太累了」。

我說：「是不是覺得腿很累，跑不快了？」

老二：「追不上哥哥了。」

我說：「你跑太久，身體很累，就跑不快了。你現在是不是覺得腿酸疼，嘴巴乾乾的，身體流了很多汗？遇到這種情況，就是身體在提醒你，要喝水休息一會兒啦。」

老二點點頭。我鼓勵他把現在的感受畫出來。他畫了一個噴火的小人，頭上有很多點點表示汗水，腿上還畫了亂七八糟的圈圈。

畫完後，我在旁邊寫上「跑累的老二」。孩子往往是靈魂畫手，如果沒有文字輔助，過一陣子再看這幅抽象畫，可能就完全忘記當時發生了什麼。寫上字後，這張圖片就成了一張感受卡片。

下次你再和孩子回顧這種感受，拿出「跑累的老二」問他，還記不記得「累」是什麼感覺的時候，可以指著噴火的嘴巴、頭上的汗水和畫著圈圈的腿提示他。這些都是對身體狀態的描述。不斷地記錄後，孩子對身體的感受會理解得越來越好。

知覺力遊戲⑧【模仿大賽】

在家裡進行，跟孩子比誰是「大模王」

準備材料：繪本、動畫或生活中能動起來的東西，比如小動物、倒水的茶壺

鍛鍊能力：平衡感和內省感，想像力，粗大動作

難易度：●●○

請孩子模仿有動作的物品，重點不是模仿一個靜態的東西，而是要加入動作感覺。

在模仿的過程，若孩子不太確定該怎麼做，爸爸媽媽可以適時引導。

玩【模仿大賽】可以從簡單的動物開始。兒歌是引導孩子進入遊戲的好方式，比如〈兩隻小象〉：

兩只小象河邊走，
揚起鼻子勾一勾，
就像兩個好朋友，
見面握握手。

一開始，你和孩子彎著腰，一手捏著鼻子，另一隻手臂從肘彎穿過，垂到腦袋下面模仿大象的長鼻子，分別從房間兩邊向中間走。腳步聲咚咚咚，像小象一樣慢慢走，等

走到一起時，互相揚起手臂握手，假裝在碰鼻子打招呼。這個過程中，孩子會體會到和直立走路不同的感覺。

除了模仿動物，還能模擬靜物動起來的樣子，例如鳴笛的茶壺，這個遊戲可以在燒水的時候玩。

一邊燒水，一邊讓孩子觀察水燒開的瞬間：茶壺會發出「嗶～」的鳴笛聲，同時冒出白色的熱氣。這時模仿就可以開始了——你和孩子比一比，誰的鳴笛聲更高，學得更像。這是聽覺上的模仿。

更好玩的是，還能模仿茶壺倒水的樣子。爸爸媽媽先做示範，一手插腰，像水壺的握把一樣，另一手伸長當作壺嘴，彎腰假裝在倒水。你們可以比比看，誰彎腰更厲害，保持平衡的時間更長，讓孩子體驗平衡感和身體的感覺。

在這個過程中，如果能聽一首童謠〈I'm A Little Teapot〉（我是一個小茶壺）就更好了。跟著音樂節奏扮演，孩子會更有興趣。

心理學家爸爸之單元小任務

在這個單元中，介紹了幾個可以提升孩子知覺力的遊戲。請選擇其中一個遊戲和孩子進行互動，並記錄過程（例如孩子對於問題的回答、任務的執行情況，或是你的感想等）。

【單選題】以下對孩子知覺力發展的描述，何者正確？

A 對嬰兒來說，多數的能力都在同時間發育。

B「耳聽為虛，眼見為實」，要多讓孩子只透過「看」來學習。

C 要鼓勵孩子多探索一件東西在不同面向的屬性或特點。

（※記錄範例和答案請見附錄三〇二頁）

注意力：保持長時間高效學習的利器

從孩子很小的時候開始，很多家長就會發覺孩子注意力的問題。我常常聽到爸爸媽媽抱怨說：

「孩子容易分心，大部分玩具都玩沒幾下，就又去玩別的。」

「孩子讀繪本讀到一半就不看了。」

「老師說孩子上課總是動來動去。」

「孩子很容易被人打擾，專注力很差，平時在家寫作業就是一邊寫一邊玩。」

最神奇的是，孩子看動畫、玩手機、聽故事的時候，倒是都非常專心，能一兩個小時一動不動。爸爸媽媽對於注意力這個問題如此關注，主要是擔心孩子注意力不好會影響學習。

確實，注意力對學習有很大的影響力，英國一個大規模的追蹤研究也發現，在七歲

孩子的大腦是故意要分心的，
這樣 才不會錯過任何可能的好東西。

像是 孩子可能貪玩，什麼都想玩，
我們可以幫孩子稍做篩選，
讓他一次專心玩一個，玩完再玩下一個。

的時候，注意力比較好的孩子，到了中學，學業成就會比較好。因此，我在這一章要跟大家分享，怎麼提升孩子的注意力，讓孩子能夠長時間高效學習。

注意力是什麼？

我們或許都知道注意力很重要，但是注意力到底是什麼呢？其實我們一般對於注意力的理解，都是片面的，根據美國知名心理學家邁克爾・波斯納（Michael Posner）的理論，他把注意力分為三種類型：**警覺**、**注意力的轉移**（導向），以及**衝突的排解**（執行控制）。以下分別說明：

警覺

警覺就是要**能夠迅速察覺周遭環境快速的改變**，例如走在路上能及時察覺有車朝著自己衝過來，就是有足夠的警覺力。如果不夠警覺，就很有可能會被車子撞上。我自己是一個警覺力不是特別好的人，或應該說對於環境的改變，我都有一絲絲的察覺，只是往往選擇不理會，結果就會發生一點小插曲。

舉例來說，前一陣子去家具賣場買東西，因為要自己去倉儲區取貨，清單上只標示要到哪一排的哪一個位置取貨。而我印象中每個位置只有一款商品，拿了東西就直接去結帳，沒有仔細比對貨號是否正確。結果師傅要來組裝時，才發現這個東西買錯了，我買到小號的。

在這個例子中，我因為趕著結帳，沒有仔細比對，只好多跑一趟。除了買錯之外，有時候商家沒有正確公告優惠資訊，或是你拿錯商品，都有可能造成財務上的損失。如果你在付錢時保持警覺，也能夠避免類似的事情發生。大家若想知道更多例子，可以參考我先前的著作《心理學家爸爸親身實證的注意力教養法》（商周出版）。

注意力的轉移

顧名思義，大家應該就知道這是在說什麼了，也就是會把注意的焦點轉移，要**能夠把注意力移到該注意的事物上**。另外，注意力轉移關注的不僅是要把注意力放在該注意的事物上，也關注是否在對的時間點把注意力放在那些事物上。

注意力的轉移若出了問題，也是很惱人的。現代人走在路上時，常常會忍不住看手機，沒有注意路況，不小心就會撞到路人，或是撞到電線桿的都大有人在。因為人們離不開手機，在德國一些街頭的路口，除了有紅綠燈之外，地面也會用不同顏色的燈來顯示，就是專門為這些低頭族而設計的。

衝突的排解

衝突的排解就是要**排解個體所面臨的衝突**，像是你在上班的時候，有想要刷臉書的衝動，而這個衝動與要專心上班形成了衝突。如果衝突排解的能力夠好，你會知道什麼時候該做什麼事情，而不會一開始刷臉書，就完全忘了時間、忘了工作，結果最後被老闆發現。

衝突的排解，也是我們在孩子身上最容易發現的注意力缺失，不論是孩子上課走神，或是在家做事情拖拖拉拉，都是衝突的排解出了狀況。其實這不能全然責備孩子，因為要能夠排解衝突，需要仰賴大腦中一塊叫做「前額葉」的區域，而大腦的前額葉在孩子出生後持續發育，要到了成年期才會發育完全。

所以在前額葉還沒發育完全的情況下，你要接受孩子是很容易受到干擾的。但是爸爸媽媽可以想辦法幫他降低干擾的來源，引導他可以怎麼做，以避免受到干擾的影響。只是一直責備孩子，對孩子是沒有幫助的。

注意力對學習的影響

大家通常都會覺得注意力對學習有很大的影響，不過確切有什麼影響，可能又說不清楚。所以我要告訴大家，注意力對學習的影響真的非常大，有很多研究發現，不少注意力不足過動症的孩子，同時也會有某種類型的學習障礙，例如閱讀障礙等。

為什麼兩者之間會有關係呢？根據研究推論，這是因為學習和注意力都與執行功能有關。「執行功能」是一個比較大的概念，是指我們對思想和行動進行有意識控制的心理過程，包括做計畫、決策、判斷和自我監控等，就像大腦中的交通警察。如果執行功能受損，就會影響孩子的注意力以及學習。在前面一節我們也提到，注意力有種類型叫做「衝突的排解」，和執行功能有非常密切的關係，接下來我們就圍繞衝突的排解和學習的關係來做討論。

注意力影響學習的效率

有注意力不足過動症的孩子，學習上很容易遇上困難，但這並不表示在沒有注意力不足過動症的孩子身上，注意力對他們的學習就沒有影響。集中注意力，很直接的影響學習效率，當孩子沒辦法集中注意力，就會花更多時間學習，學習成效也會比較差。

在心理學的研究中屢屢發現，人們同時間做兩件事情，效率就會變差，因為我們的注意力系統，本來就不是設計來同時間處理很多事情。就拿一邊開車一邊講手機為例子，過去人們以為邊開車邊講手機，是因為有一隻手需要拿著手機，所以會增加事故發生機率。但後來的研究發現，開車講手機主要的影響，並不是在於要騰出手拿手機，而是需要花心思進行對話。

當孩子一邊學習一邊玩，就是同時間在做兩件事情，效率肯定不好。除非某些事情的運作已經非常自動化了，否則同時做兩件事情，效果一定大打折扣。但是很少事情真的可以完全自動化，不耗費注意力資源。像是很多人會在工作時聽音樂，雖然多數的人都不覺得這會影響自己的工作效率，但實際上是會的。

不過，心理學研究也告訴我們，人們並不是在最集中注意力的狀態下，會有最好的表現。因為過度集中注意力，反而容易讓人緊繃，而且過度集中注意力在某件事情上，會容易忽略潛在需要注意的地方。雖然我們常說過度放鬆在多數情形下是不好的，但是當你沒有一個特定目標，極度放鬆會讓你的注意力很分散，察覺到環境中很多事物，因此有時會有意想不到的發現。所以，**要在剛剛好的注意力狀態，才會有最好的表現。**

注意力影響學習的品質

注意力除了影響學習的效率之外，更重要的是會影響到學習的品質。所謂學習的品質，指的就是大腦對於學習的東西有怎麼樣的處理，以及可以跟既有知識做多少的連結。品質好的學習，是對於學習的專案進行有深度的處理，並且能夠連結本來已經學會的知識。用白話來說，就是學得比較透徹。

那麼，注意力是怎麼影響學習的品質呢？

首先，當我們能夠把注意力長時間地停留在一個物品上，我們的大腦就有可能更加了解這個東西，對於它的印象更深。這個也很符合我們的經驗。例如當我們看一件衣服時，匆匆一眼，只能注意到衣服的顏色、款式，仔細研究才會注意到衣服的細節，比如質料、車線等等。

我們在學習的時候，要注意的細節也有很多，如果只是匆匆一瞥或是短時間掃描過去，往往就會錯過或者沒辦法記住很多重要的資訊。臺灣幾年前有一場空難，就是因為機師之前沒有仔細（或是沒有足夠時間）檢查複雜的儀表板，結果在飛機一個引擎壞掉後，下意識地把另一個好的引擎也關掉，而釀成了一場悲劇。

另外，當我們越投入的時候，越能夠把要學習的新事物，跟舊有的知識做銜接。像

注意力學習樹

如何提升孩子的
注意力

對的時間，注意對的東西

聽媽媽講故事（p.103）
數字迷宮（p.107）
撲克牌排順序（p.110）

訓練收放自如

手指小推車（p.113）
趣味跳圈（p.115）
氣球大作戰（p.117）

是在學習一個新的生字時，孩子若很投入，可能就會想知道這個字，是不是那個他曾經聽過的同音字。**建立連結，這件事情對於學習來說是很重要的，因為這可以鞏固孩子的知識，而且也方便孩子記憶。**

如何提升孩子的注意力

要提升孩子注意力，有兩個最重要的原則：⑴**要在對的時間，注意該注意的東西**；⑵**要訓練孩子可以收放自如的注意力，除了練習專注，也要練習放鬆**。而這兩個原則，後面我會介紹幾個相關的小遊戲，幫助大家理解。

在對的時間，注意該注意的東西

注意力的三種類型，警覺、注意力的轉移和衝突的排解，雖然是不同的運作機制，但其實都和「在對的時間，注意該注意的東西」有關係。因此，後面所介紹的幾款遊戲，都會以這個概念做為出發點，建議爸爸媽媽們可以根據孩子的能力，選擇不同的遊戲陪他們玩。

適合遊戲：【聽媽媽講故事】在媽媽講故事時，孩子邊聽邊拿出故事中提到的物品。適用兩歲以上。（一〇三頁）【數字迷宮】自製表格讓孩子按規律找數字。只要孩子認得數字就可以玩。（一〇七頁）【撲克牌排順序】打亂撲克牌的順序，讓孩子按同一種花色排序。適用五歲以上。（一一〇頁）

訓練收放自如的注意力

前面提到，注意力並不是在最集中的時候就會最好，特別是長時間集中注意力，會容易造成疲憊。所以，除了練習專注，也要練習放鬆，要訓練孩子可以收放自如，讓他們知道需要稍微休息喘口氣的時候，可以怎麼做會比較好。

適合遊戲：【手指小推車】畫出玩具車行駛的軌道，孩子需要讓車走在軌道內，直到開進停車場。適用三歲以上。（一一三頁）【趣味跳圈】另一種版本的跳房子，給孩子設立遊戲休息區。適用四歲以上。（一一五頁）【氣球大作戰】和孩子玩拋接氣球、尋找放氣後的氣球與模仿氣球遊戲。只要孩子能吹氣球就可以玩。（一一七頁）

注意力遊戲①【聽媽媽講故事】

在家裡進行，善用孩子喜歡聽故事的天性
準備材料：孩子熟悉的物品，包含類別相同但外形不同的東西，比如不同的水果
鍛鍊能力：注意力的轉移，聽力的辨別能力
難易度：●●○

這個遊戲主要鍛鍊孩子注意力的轉移能力，讓孩子在聽故事的過程中，選擇特定的物品。

首先，在桌上準備好三到五件孩子熟悉的物品，例如水杯、帽子、絨毛玩具等，然後再找一篇篇幅較短的小故事，或者你也可以即興創作，自己編一個故事，故事裡要涵蓋準備的物品。

對孩子說：「媽媽給你講個故事，當我在故事中說到桌上這些東西時，你就馬上把我說到的東西舉起來。」然後媽媽就可以開始講故事了，看看孩子能不能快速舉起對應的物品。例如：

「今天天氣很好，小青蛙一家要出去玩，媽媽給小青蛙帶上小水杯……」當提到「水杯」時，看孩子是否會快速舉起面前的「水杯」。

剛開始和孩子進行這個遊戲時，當提到某一物品名稱，例如「水杯」，你可以放慢速度或用表情暗示，幫助孩子熟悉遊戲。

〔進階〕增加物品數量或干擾　難易度：●●○

隨著遊戲的進行，你可以逐漸增加物品的數量，連續提到多個物品名稱，或是準備時加入幾個干擾物品，讓遊戲更具挑戰性。這些干擾物品可能和故事中的物品類別相同，但是外形不同。比如故事中提到了紅蘋果，你還可以準備一個青蘋果。

我家老二小時候很愛玩這個遊戲，每次都要我連著講好幾個故事。有一次，我先悄悄準備好了一個故事，提前在地上放了一些東西：橘子、玩具熊、一個荷葉圖案的滑鼠墊、列印出來的紅花圖案和一張藍花的圖案。然後把老二叫來，對他說：

「今天我們來玩『聽爸爸講故事』的遊戲。你是小青蛙。小青蛙，你來看看，地上的這些物品，你認識嗎？」我一個個拿起來問老二，確定他能識別這些東西。接著就和他約定規則：

「一會兒你會聽到一個小青蛙旅遊的故事。你是小青蛙，不過你必須按照故事裡說的那樣去旅行。當故事中提到一樣東西時，如果地上有這個東西，你要以最快的速度拿起來喔！」

然後我就開始講故事了。

「今天天氣很好，小青蛙要出去玩耍。他帶上了最愛吃的橘子。」說到這裡，我頓了一下，見老二沒有反應，又重複了一遍：「他帶上了最愛吃的橘子。」在說到「橘子」時還刻意拖長發音。

老二反應過來了，馬上把橘子舉得高高的。

「他往大熊的方向走呀走，突然他遇到了一條河……」我看向地上，老二馬上就拿起玩具熊。

「他跳上了綠色的荷葉，遇上了一朵藍色的花。」

老二越來越專注了，飛快舉起了荷葉滑鼠墊，還從紅色、藍色兩種不同顏色的花朵圖案中選對了藍色的花。

就這樣，我繼續講故事。

有時候發現老二覺得無聊了，我會故意說一件不存在的東西。比如我會說：「小青蛙遇上了一隻蝴蝶。」然後眼睛看著地上，示意老二去找。

老二一開始會上當，認真地找蝴蝶，後來就會大聲反駁我：「沒有蝴蝶！」

你看，喜歡聽故事是孩子的天性。在這個遊戲中，透過聽故事並對指定詞語做出反應，選擇特定屬性的物品，既可以鍛鍊注意力，增強孩子聽力的辨別能力，促進語言發展，還能讓他認識形狀、顏色，一舉多得。

不過，孩子現在集中注意的時間還比較短，指望他馬上達到長時間的專注是不現實的。當你發現孩子沒興趣時，你就可以給故事收尾了。好了，現在開始構思你的第一個故事吧！

注意力遊戲②【數字迷宮】

在家裡進行，方寸之間，數字、形狀、圖形迷宮任意變換

準備材料：紙、筆、尺

鍛鍊能力：警覺和注意力的轉移，思維靈活性，數學啟蒙

難易度：●●○

準備一張A4紙，第一步是製作卡片，用尺和筆在白紙畫上4×4的表格，每個方格大小一樣；第二步是填寫數字，在格子內隨機填上阿拉伯數字1～16，也就是說表格裡的數字排列沒有規律；第三步就是指讀數字，讓孩子用手指按1～16的順序，依次指出數字位置，同時讀出數字。當孩子完成時，記得要表揚他一下，進一步增強他的自信心。

透過按順序指讀數字的遊戲，提高孩子注意力水準。你可以根據孩子認識的數字有多少，靈活調整難易度。比如孩子只認識數字1～10，就在表格裡隨機填上數字1～10，可以重複寫，也可以用不同顏色的筆來寫，然後在指讀數字的時候，同時說出顏色（例如「紅色的5」）。

〔**變化**〕把數字替換成各種形狀　難易度：●●○

如果你的孩子對數字不感興趣，你還可以和他玩形狀迷宮。

還是畫4×4的表格，在格子中隨意填上圓形「○」、正方形「□」、三角形「△」和五角星「☆」。不過同樣形狀的圖形，在不同格子裡會有數量變化，分別是一至四個。也就是說，有一個格子裡是1個圓形，還有三個格子各填了2個圓形、3個圓形和4個圓形。正方形、三角形和五角星也是一樣。

孩子的任務是從小到大指出其中的某一種圖形。例如，請孩子按照數量從少到多的規則指出圓形，也就是說，他需要依次找到有1個圓形、2個圓形、3個圓形、4個圓形的格子。你們也可以畫兩個一樣的迷宮，一起來找，看看誰找得又快又準。

〔進階〕 隨意設定格內圖形數量　難易度：●●●

如果覺得這樣的遊戲對孩子來說太簡單了，你還可以繼續增加遊戲難度。再畫一個4×4的表格，格子中畫四種圖形，每種圖形有四種數量的變化。不同的是，每種圖形的數量可以隨意變化。拿圓形舉例，圓形的數量可以是2、3、5、6個，孩子還是需要按照數量從少到多的規則，依次找到包含2、3、5、6個圓形的格子。

你可以根據孩子的計數能力隨意設定圖形的數量。較大的數字如9和10，數量越相近的話，孩子數起來難度越大。

依此類推，你還可以把圖形換成表情或小動物等等。

隨著孩子注意力的提升，表格也可以越來越大，從16個格子變成25格。在這個過程中，孩子需要快速找到一種圖形，鍛鍊了他的警覺能力；同時他需要根據目標，不停地轉移注意力，思維靈活性也得到了提升。

注意哦，如果數量太多，一開始可以選擇一張大紙，玩一會兒記得休息一下，保護孩子的視力。

注意力遊戲③【撲克牌排順序】

在家裡或是公園空地上進行，可因應訓練重點而變化做法
準備材料：撲克牌，或者UNO牌
鍛鍊能力：警覺、注意力的轉移和衝突的排解，思維靈活性
難易度：●●●

用撲克牌訓練孩子注意力，你需要準備至少兩種不同花色的卡，然後打亂卡牌的順序，散在桌面，就可以和孩子玩【撲克牌排順序】了。

這個遊戲有很多玩法，在玩之前，你要帶孩子認識一下撲克牌的A、J、Q、K，知道它們代表數字1、11、12、13，接著正式遊戲開始。

孩子要做的事情，就是從A依序找出其他數字，例如：從黑桃A開始，接著找黑桃2，一直找到黑桃13（黑桃K）。

〔做法一〕警覺能力的訓練　難易度：●●●

如果你選的卡牌花色都是紅色的（紅心或方塊），或者都是黑色的（黑桃或梅花），對孩子的警覺能力是很好的訓練，因為這些卡牌的外型比較相似，需要多花一點時間來區分。

倘若孩子警覺的能力特別差，還可以混著兩副不同設計的撲克牌，分別挑出黑桃的牌子，來當作排序使用的卡牌，這樣孩子就不能單純靠花色區分，還必須要仔細觀察，到底是哪一張卡牌，和手中的卡牌來自同一副牌。

〔做法二〕 注意力轉移的訓練　難易度：●●●

如果卡牌是隨機擺放的，對於孩子注意力轉移是很好的訓練，因為孩子必須認真搜尋下一張卡牌在什麼位置。若是跟學齡前孩子玩這遊戲，不要把下一張卡牌排在太遠的位置，讓他們先熟悉順序的概念，再逐步調整難度。

倘若孩子注意力轉移的能力比較差，就可以故意把花色相近、數字相同的卡牌，刻意放在很遠的位置，讓孩子需要多花點時間來找卡牌。

〔做法三〕 衝突排解的訓練　難易度：●●●

要訓練孩子衝突排解的能力有兩個做法：

第一、加入一些無關的卡牌。例如使用紅心和黑桃兩種卡牌排序時，也加入幾張方塊、梅花的卡牌，如此一來，孩子在找尋卡牌的時候，就需要排除這兩類無關卡牌的干擾。

第二、要求孩子跳著排序。

例如按照1、3、5、7的順序排列，或是用2、4、6、8去排。一般來說，我們算數都會有慣性，會很容易拿到不該拿的卡牌。

和孩子玩【撲克牌排順序】，你可以根據自己孩子的計數能力調整卡牌數量。像是對於比較小的孩子，你就可以減少牌的數量，比如每次只讓孩子從1找到7，降低遊戲的難度。或者你也可以把撲克牌換成UNO牌，抽出其中的功能牌後，UNO 牌數字也更少，顏色差異更顯眼。

弟弟這張牌子拿對了嗎？答案就在影片裡面喔！

注意力遊戲④【手指小推車】

在家裡或是安全的公園進行，人體小車車也可以行得通

準備材料：玩具車或孩子喜歡的小玩偶，畫筆或是積木

鍛鍊能力：專注和放鬆，精細動作，粗大動作

難易度：●●○

要訓練孩子可以收放自如的注意力，【手指小推車】這個遊戲非常適合。因為玩的時候孩子需要集中注意力讓車在軌道上行駛，到了休息區才可以放鬆，隨意駕駛。

道具只需要一輛玩具車。當然，就算沒有玩具車也沒關係，可以用孩子喜歡的小玩偶代替，讓孩子帶著玩偶沿著線行走。

玩法很簡單，事先根據玩具車的寬度，在紙上畫不同寬窄的軌道，也就是在紙上畫不同粗細的線。細線代表窄的軌道，是可以讓小車子剛剛好通過的（假設小車子寬度只有四公分，那麼最細的線條就剛好是四公分寬）；寬的軌道更寬，你可以用粗線設置成能容下兩輛玩具車通過的寬度。

若家中有不同粗細的積木，也可以用積木充當軌道。例如把方形積木連起來做為軌道，讓小車走在積木上。你還可以用積木的寬窄來調節難度，積木越窄，孩子越需要集

中注意力喔！記得要在軌道的一端，畫一個大車站或者停車場，做為休息區。接下來你就可以跟孩子說：

「你要把車子推到停車場，不過在路上不可以駛出軌道，否則就要重新開始。」

這時候孩子需要小心翼翼地推車，特別是在窄的軌道上，而這對他的注意力和精細動作都是很好的挑戰。

到了停車場，你可以再跟孩子說：

「寶寶真棒，車安全到站啦！停車場很大，車可以自由活動了。」然後和他擊掌，這時孩子就是放鬆的狀態，可以隨意「駕駛」車輛。

〔延伸〕一兼二顧的人體小車車　難易度：●●○

這個遊戲有很多種玩法，前面介紹的主要鍛鍊孩子的手眼協調能力，如果想同時鍛鍊孩子的粗大動作，你和孩子可以自己當小推車。若看到地上有直線，就比賽沿著一條線走；或者地上有不同顏色的地磚，你們可以規定只能踩一種顏色的地磚。同樣的，記得規劃出一片休息區，當孩子走到休息區時，他就可以自由活動了。

從這個延伸玩法，你會發現到，鍛鍊注意力的遊戲可以和孩子的精細動作、粗大動作結合，一舉多得，快和孩子玩起來吧！

注意力遊戲⑤【趣味跳圈】

只要有塊平坦的地面，室內室外都可以進行
準備材料：彩色膠帶、粉筆、可水洗顏料（三擇一）
鍛鍊能力：專注與放鬆，粗大動作
難易度：●●○

你可以用彩色膠帶、粉筆，或是可水洗的顏料，在地上貼出或者畫出五個圓圈，每個圓圈中間留出能雙腳站立的空間。五個圈圍在一起，如同五個花瓣圍著花芯。這五個圓圈代表不同含義。其中一個重要的圓圈是「休息區」，或者叫「遊樂園」，上面畫一朵雲，孩子跳進來後，可隨意做動作或休息。另外四個圓圈則是「專注區」，分別用膠帶貼上數字1、2、3、4，然後讓孩子站在五個圓圈的中間，由你負責喊指令。

基本玩法是，當你隨機喊出1～4其中一個數字，孩子聽到數字後，雙腳跳入對應的數字圈中，再立刻跳回原位。也就是說，你喊「1」，孩子就要跳進寫著「1」的圓圈裡，然後再跳回五個圓圈的中間。

〔進階〕把指令換成數字的組合　難易度：●●○

你還可以隨機喊出連續幾個數字，例如「1314」，孩子就必須按數字依次跳圓圈，跳入「1」，跳回中心，之後跳入「3」，再跳回中心……。像這樣數字連跳的指令對孩子的注意力和記憶力都是不小的挑戰；接著孩子得迅速做出反應，跳入對應圓圈，不僅鍛鍊了孩子的注意力，還能夠增強孩子的動作協調性和靈敏度。

〔**變化**〕把數字圈換成多色的圓圈　難易度：●●○

你也可以將數字換成其他指令，例如用粉筆在地上畫出各種顏色（紅、黃、藍、白）的圓圈，讓孩子按指令跳入不同顏色的圓圈。

要提醒的是，如果孩子在你發出指令前，從圓圈中間跳入了「遊樂園」，他可以休息1分鐘。在這段時間內，你不能發出任何指令，直到孩子重新跳進圓圈中間。這個「遊樂園」的設定，讓孩子在疲勞或不感興趣的時候學會放鬆，也可以讓遊戲持續更久。

另外，還記得小時候玩的跳房子嗎？你可以把跳圈變成跳房子，在房子的每一格都標上數字，然後在房子頂端設立一個「遊樂園」。孩子在扔沙包或跳到特定格子的時候，他需要集中注意力；而跳到房子的頂端時，他可以在遊樂園裡活動活動手腳，為往回跳做準備。這也是【**趣味跳圈**】的另一種變化。

注意力遊戲⑥【氣球大作戰】

在家裡進行，輕飄飄的氣球，鍛鍊項目真不少

準備材料：氣球兩個

鍛鍊能力：注意力的轉移、衝突的排解和警覺，粗大動作，專注與放鬆

難易度：●●○

只要準備一兩個氣球，上面畫上眼睛、嘴巴，就可以用來訓練孩子的注意力，包括注意力的轉移、衝突的排解，以及警覺能力。

〔做法一〕注意力的轉移練習　難易度：●●○

一開始，你可以只用一個氣球，玩拋接氣球的遊戲。玩法很簡單，你先把氣球拋給孩子，孩子需要集中注意力，接住氣球，然後回拋給你。

如果發現這樣對孩子來說太容易，可以玩兩個氣球比賽的遊戲。玩法是你和孩子各拿一個氣球，互相拋給對方，同時要接住對方的氣球。

在這個過程中，孩子先要向你拋球，立刻又要把注意力收回到你拋給他的氣球上，對孩子的注意力是個小考驗。所以，你可以用計分來鼓勵孩子，接住對方氣球的人得一分，最後統計誰得分最多就是贏家。

〔做法二〕衝突的排解練習 難易度：●●○

同樣是你給孩子拋球，他接住後拋給你。不過，在你們拋球的同時，需要喊出用什麼部位接球，比如用手、腦袋或小肚皮接球。如此一來，孩子需要抑制自己用手接球的衝動，難度增加了，遊戲也變得更有意思。

這遊戲中有個小技巧，當你讓孩子用頭接球時，可以把球拋高一些；如果指定孩子用肚皮接球，可以和孩子保持一定的距離，直直地把氣球往孩子的肚皮方向扔。

〔做法三〕警覺能力的練習 難易度：●●○

想要用氣球鍛鍊孩子的警覺能力，讓他能很快察覺周遭環境快速的改變，你可以快速給氣球放氣，氣流會把氣球反推到另一個地方，孩子需要立刻判斷氣球飛去了哪裡，並找出氣球。這玩法超簡單，孩子最喜歡氣球放氣的時候了，多重複幾次吧！

要提醒的是，玩【氣球大作戰】需要給孩子選品質好的氣球，充氣量也要小一點，以免被孩子捏破。同時，一定要避免孩子不小心把氣球吞下去。在安全的前提下玩耍，氣球雖小，能鍛鍊的能力真不少。

〔延伸〕模仿氣球：把注意力控制具象化 難易度：●●○

這個模仿氣球的延伸遊戲，是讓孩子練習專注和放鬆。玩法是拿一個畫了眼睛和嘴巴的氣球，然後跟孩子說：

「如果爸爸現在開始把氣球吹大，你就要專心的想一件事情，氣球越大要越專心；如果氣球洩氣了，你就可以稍微放鬆一些。」

透過這樣的方式，能夠協助引導孩子把注意力控制具象化，日後當你需要孩子集中注意力的時候，也可以提醒他「現在想像有一個充氣充很多的氣球」，就能讓孩子知道，現在自己該專心一點。

心理學家爸爸之單元小任務

在這個單元中，介紹了幾個可以提升孩子注意力的遊戲。請選擇其中一個遊戲和孩子進行互動，並記錄過程（例如孩子對於任務的執行情況，或是你的感想等）。

【是非題】

（　）1注意力等於專注力。

（　）2對於嬰兒來說，注意力還會受到視覺發展的限制。

（　）3孩子在專心做事情的時候，盡量不要打斷他們。

（　）4家長可以多跟著孩子一起做事情，延長他們可以專注的時間。

（　）5對於大多數人來說，警覺、注意力的轉移和衝突排解的能力可以都很好。

（※記錄表單、答案與說明請見附錄三〇三、三〇四頁）

第五章

記憶力：為什麼孩子能記住動畫細節，卻記不住課本知識？

孩子在學習的過程中，需要用記憶吸收知識，同時我們也用記憶來檢驗學習的成果。就拿背唐詩來說，我曾經聽過一個媽媽抱怨，她的孩子在三歲左右就可以背十多首詩，認識五十個中文字，但是她近來發現，孩子最開始會背的唐詩很多都忘記了，背不出來。這位媽媽有點擔心，覺得孩子沒有認真學，不然就是記憶力不好。

真的是這樣嗎？其實不是。

能不能記住一個東西，和能力的關係不大，但是和記憶的特性有關。

在這一章裡，我要跟大家介紹大腦的記憶規律，還有一些記憶的策略，幫助大家了解要怎麼透過記憶，來提升孩子的學習成效。

記憶是什麼？

首先，先來探究一下記憶是什麼。我們通常都會注意到，有的東西我們很快就會忘記，有的東西卻能夠一直記住，久久不忘。科學上也根據資訊保存時間的長短，把記憶分為：**感官記憶**、**短期記憶**（或工作記憶）、**長期記憶**。三種記憶環環相扣，也體現了一個記憶的過程。

感官記憶

感官記憶是利用感官系統（視覺、聽覺、觸覺等）短暫保存資訊，一般認為感官記憶的容量非常大，但是能夠被保存的時間很短暫，只能保存**幾秒鐘**。**只有那些被我們注意到的資訊，才會被大腦真正「抓住」，暫時儲存在下一步「短期記憶」裡**。

就比如你在聽歌時，突然聽到一首非常好聽，你很快就記住旋律。在這個時候，這段旋律就被你注意到了，可以進入你的短期記憶裡。而其他音樂就沒有進入下一步，所以在你完全沒有意識的情況下，這個資訊就已經消失在你的大腦裡了。除了聽覺之外，視覺等其他感官系統，也是有感官記憶的。

我們或許 沒有辦法給孩子記憶吐司，
讓他們吃下去之後，就把知識牢記。
但是 我們可以引導孩子，
把知識融會貫通，成為自己記憶的一部分。

短期記憶

短期記憶可以理解為感官記憶的下一步，能夠保存**幾分鐘**。如果資訊沒有轉為長期記憶，不久後就又會被遺忘。

相較於感官記憶，短期記憶的容量是有限制的。一般來說，普通人的大腦只能同時處理四個資訊組塊。

什麼叫資訊組塊呢？以下結合兩個生活場景來說明：

- 很多人都遇過這種情況，別人給你報手機號碼，如果是連著報了一次，你仔細聽了還是記不住。
- 你明明出門前還想著要帶手機、鑰匙、錢包、書和水壺，結果出門了才發現自己忘記拿水。

在第一個場景裡，手機號碼每個數字就是一個個資訊組塊；而在第二個場景裡，手機、鑰匙、錢包、書、水壺，每樣物品也都是一個資訊組塊。

普通人的大腦只能同時處理四個資訊組塊，一旦組塊數量超過四個，我們就很難記住。而孩子因為大腦發育不成熟，他們的短期記憶容量就更有限了，要到青少年期才能慢慢發展到成年人的工作記憶水準。

所以，我們平常說自己或孩子記性差、丟三落四、數學不好、閱讀理解不好等等，其實都是在說短期記憶的問題。當你面對一連串數字都記不太清楚，卻要求孩子馬上記住一首古詩，或者其他大量的資訊，顯然是太苛求他們了。

長期記憶

回到正題，第三種記憶類型叫做長期記憶，也就是我們通常認為的記憶。不同於前面提的兩種記憶，這種記憶**不只保存幾分鐘，而是有可能長期保存**。長期記憶保存時間長，也可能沒有容量限制。你或許會問：長期記憶這麼厲害，為什麼我們沒辦法記下所有的事情呢？

有一個原因就是訊息量太大，我們還沒有處理完，資訊就已經不存在了。就像前面說的，雖然我們感官記憶的容量很大，但如果沒有注意到這些感官資訊，那麼這些資訊就「稍縱即逝」了。

此外，訊息量太大時，我們其實根本來不及記下。就像第一次要背下化學元素週期表，或是歷史事件發生的順序，我們通常無法記下太多，就是因為訊息量太大。

第二個原因跟記憶的本質有關，因為**記憶是用網路的方式保存，如果我們要記下的**

事情相似度高，就會容易記錯，把事情搞混。

什麼意思呢？我先說記憶是如何用網路的方式保存的。就是大腦會對不同的資訊進行分類和組織，就像左邊這張心智圖，當我們需要記憶新的知識點，例如「消防車」，大腦就會試圖把這個新知識嵌入以前的知識網中。

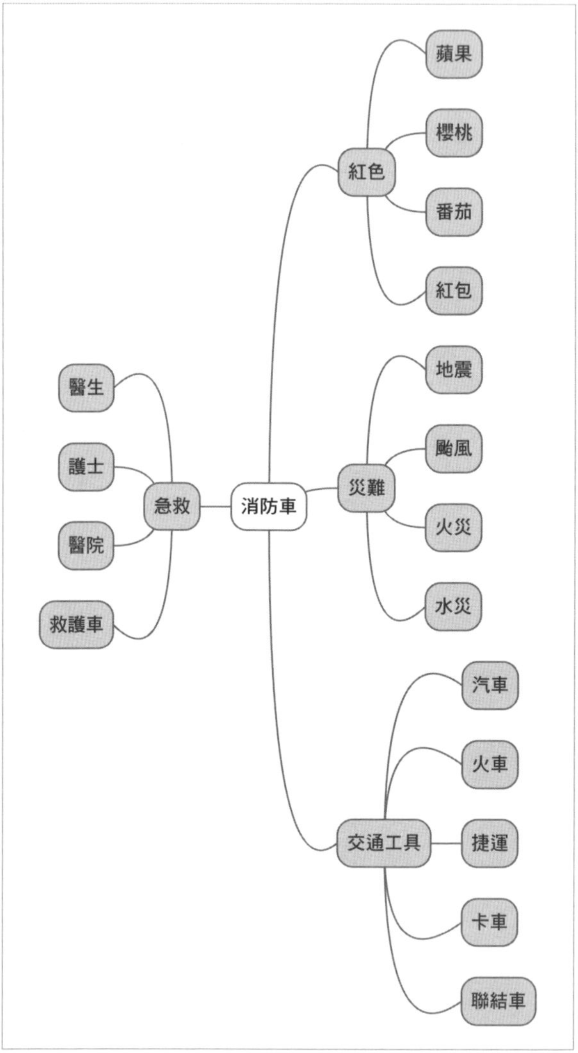

消防車
紅色：蘋果、櫻桃、番茄、紅包
災難：地震、颱風、火災、水災
交通工具：汽車、火車、捷運、卡車、聯結車
急救：醫生、護士、醫院、救護車

圖 4　大腦處理資訊的方式是呈網狀的，會依據不同的屬性分類，以「消防車」為例，所形成的網狀結構就可能有依外觀顏色、不同功能屬性等等。

比如我帶我家老大去公園，就會跟他介紹植物的名字，「這是玫瑰」、「這是楊樹」等等。但是有的花連我都分不清楚，像是薔薇和玫瑰，因為它們長得太像，在我的記憶網路裡都把它們混到一起了。而對於孩子來說，他們的經驗比我們大人還不足，不太會分類，記東西的時候就非常容易出錯。比如柳樹和楊樹經常被放在一起說，孩子就很難分清它們的關係，很容易記錯。

記憶與學習的關係

記憶和學習之間的關係是很有趣的，因為學習會影響記憶，記憶又會決定了學習的成效。有時候兩者甚至很難區分，所以這裡切入的觀點不是記憶怎麼去提升學習，而是探究兩者怎麼相輔相成。

記憶與學習的過程

首先要介紹的是記憶和學習的過程。科學家認為，記憶的過程總體上可以分為三個步驟：**編碼**、**保存**和**提取**。這個過程中的任何一環出現問題，都有可能造成記憶儲存失敗，或者使用記憶失敗。此外，這個過程也可以理解為是一個學習、記住，然後再利用的過程。以下同樣用我帶孩子去公園的例子，讓大家理解一下這個過程。

編碼：把感知到的，變成大腦可以理解的

我家老大小時候，有一次我帶他去公園，他第一次看到橘子樹，樹幹、樹葉和樹上結滿橘子的樣子，這些視覺資訊馬上就被孩子注意到了。因為老大從來沒有見過橘子樹，這些資訊因為得到了他的注意，就進入了他的大腦裡。

這其實就是記憶的第一步，叫做「編碼」。當我們遇到來自外界的新資訊時，各種感知系統會處理和加工這些信號，並且轉化為我們大腦可以理解的信號。

有的時候，記憶在編碼這個環節就會遇到困難了。孩子的注意力本來就短，如果老大沒有注意到這棵橘子樹，而是對旁邊的小池塘感興趣，那不管我怎麼拉著他，跟他講橘子樹，他也只會心不在焉地聽，根本沒讓這些資訊進入大腦，也就沒辦法形成橘子樹的記憶。

這也解釋了為什麼老師不喜歡上課時有學生在下面講話，因為**分心的時候，資訊就無法進入我們的大腦，也就是沒辦法被「編碼」，學習品質就變差了**。速度太快或是太慢

的教學，對於學習也是不好的，因為進度教太快，學生會來不及吸收，如果教得太慢則會容易走神。

保存：大腦把資料存進記憶網路

過了一段時間，我們一起去爺爺奶奶家，老大看到爺爺奶奶家裡有一棵橘子樹，他馬上就想起之前在公園看到的橘子和橘子樹的樣子，一下子就把舊知識和新資訊聯繫起來了。

這就是記憶的第二步，叫做「保存」。就像前面提到的，我們的大腦是以網路的結構來保存資訊，透過它在新知識和舊知識之間建立聯繫，它就把新資訊放進了已有的知識框架裡，所以當我們已經掌握的相關知識越多，對新資訊的記憶就會越牢。

提取：把存過的記憶拿出來用

等到下一次，在其他地方看到橘子樹，孩子就可以認出它。這就是第三步，叫做記憶的「提取」，也就是把相關的資訊從記憶裡提取出來。如果能夠成功提取記憶，其實也就說明這個資訊進入了我們的長期記憶，被我們「記住了、學會了」。

記憶是需要提取的。有時候我們想不起某件事情，可能是提取環節出現了困難。提取記憶的過程會受到各種因素干擾，像我之前提到柳樹和楊樹的例子一樣，當我們需要記住太多彼此很相似的東西時，這些記憶就會相互干擾，我們就很可能會記錯。

透過對記憶和學習過程的了解，爸爸媽媽就會知道，當孩子說「學不會、記不住」的時候，可以從記憶的三個步驟來分析：有可能是孩子沒辦法對資訊進行編碼，讓資訊進入大腦；還有可能是事後需要提取這個資訊時，出現了問題。

好了，介紹完記憶和學習的過程，接著我要再來詳細談談，記憶的特性是如何影響學習成效的。

記憶的特性與學習

違反記憶特性的學習，成效通常不好，死背就是一個很好的例子。若我們能夠了解記憶的特性，就能打造客製化的學習方案，帶來最好的學習成效。

• 透過建立網路運作 •

前一節已多次提到記憶是透過建立網路來運作的。記憶網路這個東西，除了對保存記憶很重要之外，也有幫助記憶提取的作用。

舉例來說，我家老大在認識橘子樹之後，過了幾週，我們又看到橘子樹，但這次上面沒有結小橘子。當時我問他：

「上次教你的這個樹，叫什麼？」

老大看著樹卻回答不上來，這可能就是記憶保存了，但沒順利提取出來。於是我給他一個提示：

「你記不記得，上次在爺爺奶奶家，我們也看到了這種樹。當時媽媽摘了一片樹葉給你聞了一下，有水果味……」聽我這麼一提示，老大就想起來了，還順便記起第一次看到橘子樹的地方。

像老大這樣，一時想不出答案的情況，其實很常見，給個線索就很容易想起來。所以說，記憶的提取也會受到記憶網路的影響，當記憶網路越縝密的時候，我們越有機會成功回憶，效率也會比較高。

總而言之，**記憶網路這個特性，對學習來說是很重要的，要有好的學習成效，就是要盡可能把新學習的資訊和既有的記憶網路做連結**。這樣能夠有效保存資訊，對於未來需要做記憶提取的時候，也是有幫助的。

• 透過多種型態保存 •

記憶的另一個特性，就是會用不同的型態來做保存，如果我們要讓學習的成效有好的展現，就應該用不同的方式來學習同一件事情。其原因和記憶網路也有關係，**用不同型態的方式來學習，就會在提取時，可以有不同的提取線索。**

比如有些業者為了要讓民眾記下自己的品牌，在廣告中會加入一些朗朗上口的歌曲，只要多看幾次，這首歌和品牌就會烙印在腦海中。另外，日前政府為了鼓勵女性去做子宮頸檢查，推出了一個「6分鐘護一生」的宣傳語，除了文字之外，還搭配了一個食指與拇指圈起，其他三指併攏，肖似數字「6」的手勢，目的也是為了強化記憶。

如前面所提，我們大腦的運作，常會讓我們把相似的概念混在一起，容易發生記憶提取的錯誤。但如果用不同的型態學習，打造一些額外的提取線索，有助於降低這類事情發生的機會。此外，抽象的概念也是很容易記錯，而要解決這個問題有兩種方法：

(1) 把抽象的概念變得比較具體一些。

(2) 加入一些提取線索。

我先講怎麼把抽象的概念變具體。最好的做法就是**用一個例子來做比喻**，這個例子最好是容易理解的，否則反而會事倍功半。

像是爸爸媽媽在教小孩子學加法時，要怎麼把加法這個抽象的概念變得具體呢？一個很簡單又有效的做法，就是**用動作來演示**，例如把兩堆積木集中為一堆，做完後告訴孩子，這樣就是加的意思。像這樣具象化的教學方式，能夠提升孩子對於數學和數字的理解。

至於加入額外的提取線索，則是另一個常用的方法。

有個對我來說非常受用的做法，是我在美國念小學的時候，一位代課老師教的。她那天要教我們區分東西南北，就說：

「你們只要記住『we（我們）』，就知道哪邊是東、哪邊是西了。因為西（west）的第一個字母是W，東（east）的第一個字母是E，而『we（我們）』這個單字左邊是W，所以左邊就是西，右邊E就是東。」

即便到了現在，有時候我搞不清楚東西方位，就會想到這位老師講過的話。而我知道，很多家長朋友是記「上北下南左西右東」，這種**利用口訣的辦法**，其實和我的做法一樣，都是加入了額外的提取線索。

・深度處理的資訊更記得住・

最後一個我要介紹的特性就是處理程度，**學習時越能夠深度處理的資訊，就能夠記得越好**。

孩子一般對自己感興趣的事物有比較好的記憶，就是因為他們對於這些資訊有比較深層的處理。像是我家老大對電視動畫如數家珍，但是對於國字的寫法就沒那麼好的記性，就是因為他處理資訊程度不同所造成的。

深度處理之所以會讓我們記得比較好，原因也跟記憶的網路機制有關，因為深度處理，意味著這個資訊更容易和已有的知識進行關聯，從而讓新資訊更容易被記住。

學習方式對記憶的助益

學習和記憶絕對是互相關聯的兩個過程，**在學習的過程中孩子在記憶，在記憶的過程中孩子也在學習**。在這裡我還想強調的一點是，對於孩子來說，要保持長時間的專注是困難的，所以應盡量把學習過程分散化，也就是把時間切割成區塊來學習。我在第二章就提到這個「多做練習」或者「分散學習」的方法，它之所以好用，是因為讓孩子在每次的學習中都積累了一些情境的提取線索，有助於記憶的提取。

大家還記得怎麼教孩子學一首古詩嗎？

當我們教孩子學古詩的時候，在念詩的環節，你拍著手打節拍，在唱詩的時候播放音樂，這些都是不同的情境資訊，能給孩子不一樣的刺激。以後你每次拍手或播放那首歌，孩子就會想到當時念的那首詩。

如何提升孩子的記憶力

透過前兩節的介紹，我相信各位爸爸媽媽已經可以發現很多記憶的策略。但是，孩子的記憶和大人的記憶，還是有些不一樣的。

這句話怎麼說呢？孩子的記憶運作有其優勢與劣勢，優勢就是他們腦子中能夠記下的資訊比較少，提取會比較容易；劣勢則是他們的記憶運作策略不佳，需要大人額外的引導。

所以，談到如何提升孩子的記憶力，我接著要跟大家分享兩個大原則：(1)**要讓孩子樂在其中**；(2)**要幫孩子建立記憶策略**。只要將這兩個原則套用到策略中，你也能夠協助孩子輕鬆記下需要記憶的資訊。

記憶力學習樹

如何提升孩子的

記憶力

讓孩子樂在其中

文字接龍（p.139）
字牌（p.141）
中文字刮刮樂（p.143）
生活中學古詩（p.145）

建立記憶策略

分類記憶（p.147）
找朋友（p.149）
還需要什麼（p.151）
照片裡是誰（p.154）

讓孩子樂在其中

這個原則，就是鼓勵爸爸媽媽把記憶遊戲化和生活化，只有調動了孩子的積極性，讓他對知識感興趣，並且嘗到甜頭，感受到「記得」的好處，才能實現高效記憶。未來不論是針對學科學習，或是其他內容的學習，孩子都會有比較好的表現。

適合遊戲：【文字接龍】上個詞或上一句話的最後一個字，是下個詞或句子的第一個字，就這樣接力下去。（一三九頁）【字牌】把一些字按偏旁分成不同的部分混在一起，再按規則組成完整的字。（一四一頁）【中文字刮刮樂】紙上寫幾組同音字，在正確答案後畫圈，先用覆蓋膜封住，或拿卡片把圈遮住，只有刮掉膜或移開卡片才能看到答案。（一四三頁）【生活中學古詩】在生活中教孩子理解古詩。（一四五頁）

幫孩子建立記憶策略

第二個原則，就是按照記憶的編碼、保存和提取的規律來制定策略。無論你用了什麼策略，幫助孩子成功學習後，都可以跟他講一講這個策略，引導孩子也去發現記憶策略的優勢，以後他遇到任何需要記憶的資訊，就會自覺地使用策略提高學習成效。

孩子一般不太會用聰明的方法記東西，至少一開始不會用。但是，孩子的學習能力強，爸爸媽媽可以掌握孩子這樣的特性，多介紹一些記憶的策略，讓孩子選擇最適合自己的。不過如果只是口頭說，這種抽象的引導，他們也很難吸收，所以最好是讓孩子在遊戲中，體驗不同記憶策略的好處，在玩樂中學到記憶的策略。

適合遊戲：【分類記憶】給孩子不同類別的圖片，教孩子分類記憶的策略。（一四七頁）【找朋友】給孩子一個線索，比如一個蘋果，讓孩子聯想它的同類。（一四九頁）【還需要什麼】引導孩子根據已有的經驗，回想在特定生活情境中需要的東西。（一五二頁）【照片裡是誰】跟孩子一起翻相簿回憶過去的事情。（一五四頁）

以上所介紹的不是神奇的快速記憶法，**學習從來都沒有捷徑。只有腳踏實地，積累更多的知識，並且按照記憶的規律來學習，才能真正讓知識「化為己有」**。

最後我要跟大家強調的是，這些記憶策略都不是單獨使用，而是要在生活實踐中，多種策略一起運用。研究發現，會同時用更多記憶策略的孩子，記憶力就會更好。如果你發現孩子還沒開始有意識地使用記憶策略，不妨多鼓勵孩子養成這樣的好習慣。

記憶力遊戲①【文字接龍】

隨時隨地都能玩，用提取的方式幫助孩子記字

準備材料：什麼都不需要

鍛鍊能力：記憶的提取，語言表達，識字

難易度：●●○

每次我想要讓老大記得字是怎麼寫、怎麼用的，就會跟他玩【文字接龍】。我們先從語詞開始，玩「**語詞接龍**」的遊戲。

比如我講了「科學」這個詞，老大就要接以「學」為首的一個詞，像是「學校」；接下來以「校」為首造詞，例如「校園」，依此類推，只要不說出重複的語詞就過關。但如果你是要訓練孩子識別字形，可以要求他一定要接同一個字，而不能用同音字，也就是說「學校」後面不能接「笑容」。

遊戲過程中，偶爾還能聽到孩子蹦出四字成語。有一次和老二玩，我說「白馬」，我以為他會說「馬上」，沒想到他接的是「馬到成功」，讓我覺得特別驚喜。

〔**變化一**〕練造句：把語詞變成句子　難易度：●●○

除了接詞，爸爸媽媽還可以跟孩子玩「**句子接龍**」。我看到過一位媽媽和孩子在等

車時玩這個遊戲：

「今天是晴天。」媽媽先用這句起頭。

接下來孩子需要以「天」開始造句。

「天上掉熱狗。」

孩子可能餓了，隨口接了這麼一句，逗笑了周圍一片人。

〔變化二〕記英單：接相同韻腳的英文單字　難易度：●●○

如果你的孩子開始英語啟蒙了，也可以跟他玩「**英文單字接龍**」的遊戲，輪流說相同韻腳的詞。比如你說「cat」，孩子說「foot」或者「eight」，這樣輪下去，直到都說不出來新單字為止。

這些遊戲隨時可以玩，過程中孩子需要不停地回憶自己認識的語詞，還要記得有哪些已經說過了，對孩子的記憶力是個考驗，同時也鍛鍊了孩子的語言表達能力。

記憶力遊戲②【字牌】

在家裡進行，以提取和編碼強化孩子的漢字學習

準備材料：在白紙上寫一些常見字，按部首剪成不同的部分

鍛鍊能力：記憶力的編碼和提取，識字

難易度：●●○

玩這個遊戲，必須要提前準備好一些帶偏旁部首的常見字，例如「好」、「快」、「紅」、「星」等，還可以加入孩子的名字。然後把它們分隔為不同的部分，寫在不同的小卡上，比如「好」拆分為「女」和「子」，「紅」分為「糹」和「工」。

為了讓遊戲順利進行，可以再多準備一些同樣部首的字，比如「江」、「河」、「湖」、「海」。這樣我們手上就會有一堆卡片，上面有各種部首和字的組成。接下來你可以像玩撲克牌一樣，先洗牌，把卡片堆成一堆，背面朝上（不摸牌是看不到卡片的）。

接著【字牌】遊戲就開始了。

遊戲規則是：每個人輪流摸四張卡片，只有把卡片組合為一個字時，才可以把牌丟出去。比如卡片「女」和「子」可以同時丟出去，因為它們可以組成一個「好」字；當然，如果一張卡片本身就是字，比如卡片「女」，也可以直接丟出去。

不過，剩下的卡片若是不能組成字，出牌的人必須重新摸兩張牌，直到把手中的牌都丟出去。最先出清手上卡片的人就獲勝了。

如果孩子第一次摸到的是「女」、「子」、「古」、「月」，有經過認真思考的話，他會發現這四張卡片正好可以組成兩個字：「好」和「胡」，可以分兩次丟出去，贏的可能性就很大了。

但是，萬一孩子拿到的卡片是「子」「氵」「糹」「工」，這四張卡片無法正好組成兩個字。孩子就只能先扔出「子」，第二輪扔出「糹」和「工」組成的「紅」，第三輪因為卡片只剩一張「氵」，只能再摸兩張牌。如果拿到「可」和「女」，那就太幸運了！「氵」和「可」可以組成「河」，「女」本身就是一個獨立的字，兩輪就可以扔完了。不過如果又摸到兩張偏旁，還是不能組成字，孩子就得繼續摸牌了。

在遊戲過程中，你也可以有意識地提醒孩子，很多字都是由不同的部件構成，以後寫字的時候，可以留意它是由哪幾個部分構成，這樣字會記得更牢。也就是說，這個方式，會促使孩子把字的結構記下來；而這種意識，對兒童識別字詞、學習生字，以及閱讀發展，具有重要的作用。

記憶力遊戲③【中文字刮刮樂】

在家裡進行，讓孩子自己開獎對答案超好玩

準備材料：紙、筆，覆蓋膜或卡片、貼紙

鍛鍊能力：記憶的編碼與提取，識字

難易度：●●○

前面提到的兩個遊戲，雖然都能夠提升孩子的記憶力，不過對有些孩子來說，可能欠缺挑戰性。再分享我最近常跟老大玩的一個遊戲，這個遊戲叫做【中文字刮刮樂】，就像買刮刮樂一樣，刮了就馬上知道結果，非常刺激。

我家老大經常寫錯字，針對這個問題，我就發明了這個遊戲：在紙上寫下幾組同音字，每組同音字中，只有一個是正確的。比如其中一組是「打扮」和「打伴」。「打扮」是正確的，另一個「打伴」的「伴」，是「夥伴」的「伴」。我在正確答案「打扮」旁邊畫個圈，用覆蓋膜封上，然後讓老大猜答案。他每猜一個答案，就要刮掉對應的灰色膜，看自己有沒有答對。

〔變化〕就地取材也能玩漢字揭秘　難易度：●●○

如果沒有用覆蓋膜，也可以用卡片或小貼紙，把圈出來的答案遮住，改成玩【漢字

揭秘】遊戲。

當老大猜中一個後，我會跟他說：「確定嗎？如果確定的話，可以拿開卡片看看。」老大就會興奮地去開獎。如果看到圓圈，他會非常開心；沒有看到圓圈，我也會為他講解字的意思，讓他明白為什麼是這個組合。

還是拿「打扮」來舉例吧。比方說，我會告訴老大：「人字旁的『伴』通常和人有關，比如你的小夥伴，是陪著你玩耍的小朋友。而『打扮』需要動手，所以是提手旁的『扮』，是裝飾、化妝的意思，你在幼兒園曾經扮過孫悟空，就是這個『扮』。」這種解釋就是給漢字編碼的過程。

一旦我們將這些資訊轉化為孩子大腦可以理解的信號，孩子往往就會對兩組同音字有更深的認識，多重複幾次以後他就懂了。

刮刮樂也好，卡片揭秘也好，自己開獎這環節非常吸引孩子，我家老大超愛玩這個遊戲，也因此減少了很多老寫錯字的問題。

記憶力遊戲④【生活中學古詩】

隨時隨地都能玩，引導孩子發掘知識和生活的聯繫
準備材料：容易理解的古詩
鍛鍊能力：情境記憶，語言理解，閱讀準備
難易度：●○○

學古詩，不能只是讓孩子機械式的重複，而是應該建立在理解的基礎上。聯繫現實去講解，講詩的意思，講作者寫詩的時候在想些什麼，最好也能連結孩子的日常生活，像是他感興趣的東西、新學的知識等等。

比如教孩子《詠鵝》這首古詩：「鵝鵝鵝，曲項向天歌。白毛浮綠水，紅掌撥清波。」最好的方法當然是和孩子一起去湖邊，一邊看鵝一邊聽詩。你可以跟孩子說：「這是一位七歲小朋友寫的詩。那個小朋友發現一群鵝，彎曲著脖子，對著藍天在唱歌。他又低頭看，發現鵝潔白的羽毛，漂浮在碧綠的水面上，紅紅的腳掌在清澈的水波上划呀划。」

說完以後，再指著鵝問他：「你看到的鵝和那位小朋友看到的鵝一樣嗎？」讓孩子也仔細觀察一下鵝的脖子、羽毛、腳蹼，還可以給孩子畫筆，讓他畫出心中的鵝。比起強

迫孩子背一首他不理解的詩，透過像這樣引導的方式，反而會讓孩子記得更牢。

〔**做法**〕生活中隨處是學習　難易度：●○○

在不同的場景，你可以教孩子不同的詩。比如：

#聽到鳥叫了，你可以教他念「春眠不覺曉，處處聞啼鳥」。

#跟孩子爬樓梯時，讓他轉過身自己看，解釋這就是「欲窮千里目，更上一層樓」。

#孩子吃飯把飯掉到地上，跟他說「粒粒皆辛苦」。

#晚上看到月亮，教他念李白的「床前明月光」。

甚至同樣的場景，比如都是在下雨，你也可以教孩子不同的詩句：

#「好雨知時節，當春乃發生」（杜甫．春夜喜雨）

#「天街小雨潤如酥，草色遙看近卻無」（韓愈．初春小雨）

#「細雨魚兒出，微風燕子斜」（杜甫．水檻遣心）

像這樣的方式就是透過情境學習，引導孩子自己去發掘知識和生活的聯繫，從而促進記憶的保存和提取。

記憶力遊戲⑤【分類記憶】

在家裡進行，用圖片教孩子分類記憶的策略

準備材料：動物、水果、交通工具等圖片，每一類圖片二至三張

鍛鍊能力：分組塊記憶

難易度：●●○

分類是分組塊的一種，提到「分組塊記憶」，大家對它其實並不陌生。當我們需要記手機號碼時，常會習慣地把十個數字分成三組來記憶。不過對孩子來說，這可是個高級的記憶策略。藉由陪孩子玩【分類記憶】遊戲，讓孩子自己體驗分類策略的效果，以後他在記憶時就會更常用這種方法。

首先要準備一些動物、水果、交通工具的圖片，比如動物圖片，可以用孩子喜歡的恐龍、蛇、小豬佩奇等，把這些圖片疊在一起，然後隨便抽取一些，切記數量要超過孩子平常的能力，如果孩子平時一次能記五張圖，就拿出六至九張圖片（按照孩子的能力準備，讓他很難一次全記住）。

先帶著孩子一一說出圖片的名字，再把圖片拿走，請孩子回想剛剛看過哪些圖片。你們一起數一數，看孩子說對幾張，然後把張數記下。

接下來，你就可以開始教孩子分類記憶的策略了。

「你剛才記住了五張，真厲害！現在我要教你一種新方法，用這種方法記憶，你可以記得更多張喔！」

先誇獎孩子的表現，讓他想要挑戰「記更多」。然後再抽一些圖片出來，數量跟上次記憶的數量相同。不過這次在孩子看圖片時，你可以給他一些提示，引導他把圖片依據類別做分類：

「這些圖片中，恐龍、小豬佩奇有什麼相同點呢？對，他們都是動物。」

繼續再用同樣的方式，引導孩子認出水果卡和交通工具卡。最後把圖片拿走，對孩子說：

「這裡有三類圖片，有動物、有水果，還有交通工具。好了，它們分別是什麼呢？你還記得嗎？」

請孩子回想一遍，並提醒他按類別去記憶。理論上，孩子在有分類的狀況都會記得比較好。這時你就可以順勢引導孩子，以後如果需要記下很多資訊，就可以利用分類的方式來協助記憶。

記憶力遊戲⑥【找朋友】

隨時隨地都能玩，特別適合在參觀博物館後進行
準備材料：不用準備
鍛鍊能力：記憶的提取，科學啟蒙
難易度：●●○

透過線索引導孩子去提取記憶，幫助孩子連結新的資訊和已有的知識，也是教孩子記憶策略的好方法。建議爸爸媽媽可以和孩子玩【找朋友】，舉幾個例子，讓孩子來說說還有什麼是它們的同類。

例如，給孩子一個蘋果，請他說說看還有什麼水果；或者給孩子看一隻大老虎的圖片，請孩子說說還有什麼動物等。

這個聯想遊戲特別適合在孩子參觀博物館後進行。每次我帶老二去博物館看展覽，第二天就會引導他回想：

「昨天在博物館裡，最讓你驚訝的東西是什麼？」

「奇形怪狀的珊瑚礁。」老二答得很快。

「是呀，有樹枝和蘑菇形狀的珊瑚礁。那你記不記得珊瑚礁是動物還是植物呢？」

「我知道，是動物。」老二得意地回答。

接著，我就可以讓他給珊瑚礁找朋友了。「那珊瑚礁在水裡，有哪些朋友呢？」

老二努力回憶起很多小魚的名稱，比如小丑魚，我都記不住這些魚的名字。等他把想到的魚都說得差不多，我繼續跟他說：

「你已經為珊瑚礁找了五、六個小夥伴了，但我還記得水裡面有隻動物，長著雨傘頭，會發光，你還記得他叫什麼嗎？」

「那是水母。」老二接收了我的提示，抓到漏網之魚。

「沒錯。你真棒，為珊瑚礁找了這麼多好朋友，他們都生活在同一個家園裡。」

除了博物館，帶孩子去過植物園、郊外或者超市，也都可以跟他玩這個遊戲。先丟個問題問他：「昨天你在超市看到了什麼水果？」或「上次我們在動物園看到哪個小動物了？」如果孩子卡殼了，你可以用孩子經歷過的事幫助他回憶和聯想。

另外，你還可以和孩子輪流說出同類，看看誰想到的多。跟孩子在比賽【找朋友】時，記得故意裝作不知道，對孩子說：「我想不出來了，你能給我提示嗎？」遊戲效果會更好哦！

記憶力遊戲⑦【還需要什麼】

在家裡進行，聯想實際生活情境中需要的東西

準備材料：任何東西都行，比如以吃飯為主題，需要用到的物品

鍛鍊能力：情境記憶，生活習慣，發散性思維

難易度：●●○

如果孩子上一步能夠很好的完成，不妨試著將聯想的範圍擴大一些。因為我們已經知道，記憶是透過網路來運作的，在情境中學習會讓記憶保存得更久。

【還需要什麼】這個遊戲，是讓孩子去聯想實際生活情境中需要的東西。例如，趁著開飯前問孩子：「一會兒就要吃飯了，請你幫我想想，除了會用到碗和勺子，還需要什麼東西呢？」

若是家裡有學齡前的孩子，你可以帶他進廚房，讓他實際看到各種餐具，比如碗、勺子、筷子、杯子、鍋鏟等，然後給他一些提示，問他：「我們用什麼來盛飯呢？」孩子回答「飯勺」或「碗」都對。接著請他指出飯勺或者碗在哪裡。

玩過幾次以後，孩子會對吃飯前的準備非常熟悉，不僅能說出盤子、筷子這類常用物品，還能聯想到圍裙、杯子、調料罐等更多物品，甚至還會幫忙擺餐具。這時候可不

要忘了給他豎起大拇指哦！

當孩子對飯前準備很熟悉了，再玩這個遊戲時，就不用帶他進廚房了，可以直接問他：「吃飯時需要用到哪些東西呢？」孩子會說需要碗和筷子。你可以再追問他：「還需要什麼呢？」鼓勵他回憶更多的餐具。

〔延伸〕適用於各種情境經驗　難易度：●●○

除了吃飯的時候可以玩，這個遊戲還適用於其他各種情境，包括一些比較複雜的場景，比如旅行。

如果孩子已經有一些旅行經驗，下次全家準備出遊時，你可以讓孩子想想需要帶什麼。孩子可能會跟你說不知道，或者只想到自己喜歡的玩具零食，這時候需要一步步引導他，幫助他回憶，不要一開始就說出答案。

（以下這段是模擬引導對話）

家長：「你還記得上次我們去東京，準備了哪些東西嗎？」

孩子：「有小熊餅乾，還有一個大箱子。」

家長：「箱子裡裝著什麼呢？」

孩子：「爸爸媽媽和我的衣服。」

你還可以引導孩子想想旅途中發生的事情。

（繼續模擬引導對話）

家長：「你還記得嗎？上次去迪士尼樂園，早上下了好大的一場雨，我們那時候是怎麼做的呢？」

孩子：「爸爸買了一把傘。」

家長：「那這次我們去旅行要帶什麼呢？」

孩子：「帶大箱子、衣服、雨傘和我最喜歡的小熊餅乾。」

你看，透過回憶上次旅行的情境，孩子對於旅行的記憶更牢固了，也逐漸學會了做旅行前的準備。

在做關聯性練習時，爸爸媽媽可以和孩子進行一場比賽，輪流說聯想到的物品，看看誰能想到更多。同時，不要忘了**你可以隨時引導孩子，幫助孩子擴大聯想，盡量不要一開始就說答案。**

記憶力遊戲⑧【照片裡是誰】

在家裡進行，集溫馨、有趣、益智於一體的遊戲

準備材料：家庭相簿

鍛鍊能力：記憶力，語言理解

難易度：●○○

在記憶領域有一種特殊的記憶，是對個人資訊和個人生活經歷的記憶，叫做「**自傳體記憶**」。和孩子一起翻家庭相簿，回憶過去的事情，能增強孩子的自傳體記憶。

這次我要推薦給大家的遊戲是【照片裡是誰】。我和老二經常玩這個遊戲，這是個集溫馨、有趣、益智於一體的遊戲。

每次我一打開家裡的相簿，老二就會擠過來看。然後我會讓他負責翻照片。每翻到一頁，我先問問他：「這是誰？」或者「媽媽在哪裡呢？」所以現在他完全能認出家人，即使是我和太太年輕時的照片。

有些照片比較特殊。一張是老二哭的照片，旁邊還有一隻小狗。老二很關注這張照片，每次翻到這裡都要看好久。這時我就會問他：

「這個小寶寶是誰呢？」

「我。」老二回答。

「為什麼哭得這麼傷心呢？」

「有狗狗在。」

當時老二還很小，因為有狗狗在，覺得很害怕。我很好奇他還記不記得這件事。

「那時你剛兩歲。你還記得是誰的狗狗嗎？」我繼續問他。

「隔壁蘿蔔阿姨的狗狗。」

孩子果然對特殊事情能記很久。

「對，是蘿蔔阿姨的狗。之後發生什麼呢？」我又追問。

「蘿蔔阿姨抱著狗狗，我摸了一下。」

「對呀，你當時可勇敢了，擦乾眼淚後，還摸了摸狗狗的耳朵。」

我們聊完這張照片後，老二還親了親這張照片中的自己。

「我現在更勇敢了。」他自豪地說。

我相信你家的相簿裡一定也有類似的照片，比如孩子剛開始學爬行、走路不小心摔跤了、在公園的沙坑玩沙子、三歲生日時穿上了艾莎公主的小裙子……比起單純的人物照，孩子對特殊事件的照片，記憶時間會更久。

如果孩子想不起來，你還可以給他一些線索，比如：「這是過年時全家人一起吃飯拍的照片，你吃到了最喜歡的南瓜飯。你還記得當時發生了什麼嗎？」這種回憶讓孩子感覺和家族緊密聯繫著，增強了他的自我認同感。

如果孩子還說不清楚，你還可以帶他把發生的事情表演出來。這樣既可以鍛鍊孩子的記憶力，還能增強親子關係，也讓孩子不斷發現自己的成長。

▲這張照片是在老二兩歲多拍的，身邊玩偶是他在遊樂場玩遊戲得到的獎品，印象格外深刻。每次看到這張照片，就會回想起他怎麼得到這隻老虎的。

心理學家爸爸之單元小任務

在這個單元中，介紹了幾個可以提升孩子記憶力的遊戲。請選擇其中一個遊戲和孩子進行互動，並記錄過程（例如孩子對於問題的回答、任務的執行情況，或是你的感想等）。

【多選題】孩子沒有辦法記下事情，可能有哪些原因？

A 孩子用到的是工作記憶，而他們的工作記憶並沒有發育成熟。

B 要記住的訊息量太大了。

C 記憶很容易出錯，要記住的東西容易和原有的記憶搞混。

D 孩子注意力不集中，沒認真聽要記住的東西。

E 要記住的東西不能「學以致用」。

（※記錄表單和答案請見附錄三〇五頁）

第六章 思維力：我們理解世界的底層演算法

在和家長朋友交流的過程中，我常常會收到這樣的問題：

(1)為什麼有些孩子遇到問題，腦袋瓜子很機靈，找到多種解決方案，而我的孩子面對問題總喜歡回答「不知道」呢？

(2)為什麼孩子喜歡問為什麼，但是不喜歡自己認真思考答案？

(3)為什麼我的孩子在玩拼圖和七巧板的時候不喜歡動腦筋？

面對這些問題，我們都會覺得這是和思維能力有關係。畢竟如果孩子不會主動思考，他的注意力和記憶力再好也不能解決問題。因此，我們在培養孩子的過程中，都會很注意評估孩子的思維能力，認為這是個和學習很相關的能力。確實，如果連自己思考都不會，不論在學校學習，或是未來工作，都會有很大的困擾。

不過，各位爸爸媽媽也不用這麼焦慮，孩子很多表現其實是正常的，或者只是少了一些引導。在這一章，我就來跟大家聊一聊，我們經常說的「思維能力」指的是什麼，而我們又應該如何培養孩子思考和推理的能力。

思維力是什麼？

思維的基礎是把外在資訊內化

在孩子的成長過程中，他會遇到各種各樣需要解決的具體問題，小到玩拼圖、搭建樂高模型，大到解決複雜的數學推理題。要想解決這些問題，需要孩子在腦袋裡有一個思想的過程，這也就是思維。而這個過程的第一步，就是先吸收外在的資訊，也就是把外在的資訊內化。

一般來說，我們內化外在資訊的方式有兩種，一種是「**類比**」的，一種是「**符號**」的方式。所謂類比的方式，就是把你看到的東西按照原樣複製黏貼到記憶中。你可能也發現了，類比的保存方式是比較沒有效率的，因為世界那麼大，每天那麼多資訊怎麼能夠記住。就像你每天看到那麼多張桌子，你不會把每張桌子的樣子都記住。所以更多時候，我們會用符號的方式來做保存，而我們最常用的符號就是「語言」，比如用「桌子」這個詞來指稱我們看到的這些家具。

一旦孩子內化了資訊以後，他就可以繼續下一步了，也就是在腦袋裡對於這些資訊進行計算，或者說推理。

思維力的核心就是找答案

以推理做為第二步，就是我們對於思維的一般理解了。通常我們想到思維力，就會想到邏輯推理，感覺這兩件事情是同樣的。這樣的想法沒有錯，不過邏輯推理比思維的概念小一些，因為邏輯推理的目的，就是要找到一個合理的答案。

在進行推理之前，我們必須要得知一些關聯性，特別是有因果關係的關聯性。舉個例子來說，有一次老大不小心踩到我的腳，我哎了一聲，老大就說：「抱歉。」有點出乎我意料的，老二馬上走了過來，在我前面說一聲「抱歉」，當我還在狐疑的時候，發現我的腳被老二踩了一下。原來這個傢伙，很快的把「抱歉」和「踩腳」這兩件事情連結在一起了，不過他做了錯誤的因果判斷（或是故意做了錯誤的因果判斷）。

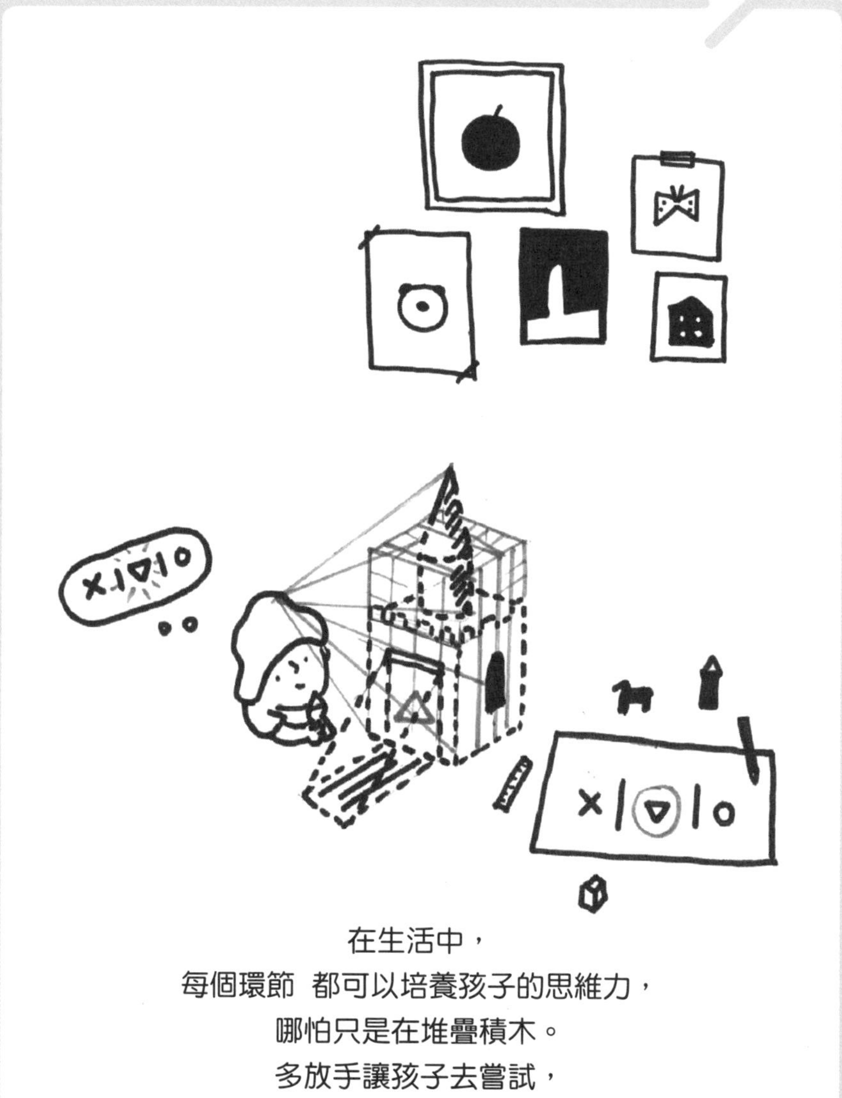

在生活中，
每個環節 都可以培養孩子的思維力，
哪怕只是在堆疊積木。
多放手讓孩子去嘗試，
鼓勵他們 有自己的想法與觀點，
就是最好的做法。

有了這些關聯性之後，就是要反覆驗證，驗證可分為兩個大類別：「**演繹推理**」和「**歸納推理**」。演繹推理指的是，根據已知的前提A，來推理出一個結論。比如，我們知道一個前提：「這間幼兒園所有的孩子都是五歲以上」，然後又知道小明來自這間幼兒園，透過演繹推理，就會推理出一個結論：「小明肯定已經五歲以上了」。演繹推理也是一個從普遍道理中推理出特例的方式。

在生活中我們很常用到演繹推理，但它並不是孩子最常使用的推理方式。**孩子最喜歡用的是歸納推理**。歸納推理就是從特殊歸納出普遍。比如，你知道我每天早上七點就帶孩子出門去上學，然後你又知道我們每次都能準時到，於是就推斷，只要我們七點出門就一定能準時到。這就是一個歸納推理在生活中的應用。

類似的例子還有很多，但是你會發現，有時候歸納推理的結論是站不住腳的。

以前面那個例子來說，如果我們到了一間幼兒園，你發現小明是五歲以上，然後小紅也已經五歲多了，如果是用歸納推理的話，就會推理出：「這間幼兒園裡所有孩子都是五歲以上」。

推理進行到這裡，應該很多朋友都發現問題了：你又沒見過這間幼兒園裡所有的孩子，你怎麼知道呢。

小朋友很常使用這樣一種方法來推理事情，所以有時你會發現，他們有一些很荒謬但是又很好玩的理論。比如他見到的女孩子都是長頭髮的，他可能就認為女生都是長頭髮，如果有一個人不是長頭髮，那麼這個人一定是男生。

總歸來說，演繹推理和歸納推理並沒有好壞之分，都是孩子和我們大人最常使用的推理方式。

思維與學習之間的關係

一說到思維和學習之間的關係，我們往往會立刻想到思維與數學、理工學科之間的關聯性。但是，其實思維與學習的關係不僅僅是這樣，接下來我就從兩個方面來做介紹：

思維的起點也是學習的源頭

前面我提到了思維的第一步是內化資訊，其實從這一步開始，你就會發現每個人內化資訊的方式是不同的，有的人會更高效，讓整個思考過程更快，還容易得到答案。

為什麼會這樣呢？因為每個人有不同的經驗累積。比如對於學習圍棋的人來說，他們看棋盤的方式就和新手不一樣。新手可能只是看到一堆黑色和白色的棋子，但是專家一眼就能從棋子的排列中悟出了勝負。

所以，**後天經驗的積累是非常重要的，思維不是打從出生就設定好。**

很多爸爸媽媽或許會覺得疑問，孩子還那麼小，能積累怎樣的經驗呢？這並不是鼓勵大家帶孩子參加很多才藝班，也不是要帶孩子天南地北地旅行，其實在日常生活中，就能夠實現對孩子思維的拓展。

想想看，如果每次你跟孩子在路上看到狗，都跟他說：「兒子啊，你看那邊有一條狗狗。」那麼他之後恐怕也只會用狗狗來標記狗這種動物。但如果你是跟他說：「你看那邊有一條臘腸犬，牠的腿短短的，身體長長的，就像一條臘腸一樣。」每一種不同的狗，都搭配著不同的介紹，久而久之，孩子對於狗的知識就有了結構性，而不會都用「狗狗」這樣一個詞彙去指所有的狗。透過這樣一個小小的舉動，我們看待一件事物的方式就變得截然不同。

邏輯推理讓學習更高效

思維力跟學習另一個有關聯性的部分就是邏輯推理。在前面我也提到，邏輯推理包含了發現關聯性的部分，也包含了發現事實並得出結論的過程。所以，邏輯推理的定義是非常廣泛的，不是只跟數字和數學有關係。

事實之所以是事實，就因為它是普遍的規律，是真實存在的。

建立事實，意味著我們要去發現外在世界的普遍規律，而這件事情本身也是「學習」的一部分。反過來說，找出規律性，對於學習來說也是很重要的，因為規律性能夠幫助我們把訊息做組織、分類，加速資訊的處理。

比如記憶英文單字的時候，對字根、字首有一些認識，記單字就會比較有效率。所以我要引導孩子背英文數字時，就會引導他去思考這當中的關係，例如「十幾的數字，都是teen結尾」。如果你可以做到，孩子看到teen就會想到跟十幾有關係。

如何提升孩子的思維力

在這個模組裡，首先，針對不同年齡段的孩子，我要給爸爸媽媽不同的建議：

思維力學習樹

如何提升孩子的 思維力

培養規律	啟發思考	理性思考
0-3歲	3-5歲	5歲以上

小寶當家（p.171）	提意見（p.174） 不一樣的繪本（p.177）	程式遊戲（p.167）

其他小遊戲

兩兩配對（p.179）
猜猜我是誰（p.181）
國王的規則（p.183）

針對不同年齡段的思維訓練

孩子思維力的發展，除了量的轉變之外，也有明顯質的轉變。所以在遊戲和訓練方面，特別針對不同年齡段的孩子提供建議：

- 三歲以下，比較需要的是建立習慣、規律性，這些是思維能力的基礎。
- 三至五歲，引導他們除了多問問題之外，也可以想想可能的答案。
- 五歲以上，對於基本的思維規則都能掌握了，可以引導他們進一步彈性的使用這些規則。

其中對於五歲以上的孩子，我會鼓勵爸爸媽媽**讓孩子學習程式設計**，訓練理性思考。其實現在有很多練習程式設計的玩具非常適合讓孩子練習做規劃，例如會移動的小老鼠或是毛毛蟲。像下面圖片中的STEAM玩具「機器老鼠」，就可以讓孩子練習怎麼規劃才能讓小老鼠跑到目的地，吃到起司。

適合遊戲：【小寶當家】在遇到問題的時候，問問孩子怎麼辦，引導他深入思考。適用三歲以下。（一七一頁）【提意見】給孩子一個機會，讓他對你提意見，反過來你也可以對孩子發問。適用三至五歲。（一七四頁）【不一樣的繪本】讀完繪本後，和孩子一起想像可能的不同結局。適用三至五歲。（一七七頁）

雖然聽故事和程式設計都能夠訓練理性思考，但是**程式設計更能激發孩子的主動性，也更貼近在真實生活中，孩子遇到問題時，要自己主動想出解決的辦法**。目前市面上有不少成熟的產品，家中如果有五歲以上的孩子，爸爸媽媽可以讓他們拿來做練習。

思維訓練的小遊戲

像是拼圖、積木、七巧板，都是很常見鍛鍊孩子思維能力的遊戲，但可能有時候孩子並不喜歡玩，或者爸爸媽媽不知道要怎麼引導他，所以我在這裡也推薦幾個不需要用到特殊道具的小遊戲，讓家長們可以跟孩子玩玩看，引導孩子自己多多思考，掌握事物的規律和關聯性，最終學會解決問題。

適合遊戲：【兩兩配對】隨機拿兩種東西，然後問孩子有什麼相同點，又有什麼不同點。（一七九頁）【猜猜我是誰】和孩子互相規定對方是什麼，規定之後不能告訴對方，必須透過排除法猜測自己是什麼。（一八一頁）【國王的規則】由「國王」指定一定規則，「偵探」觀察國王的言行，猜出這個規則。（一八三頁）

這一節介紹的這些小遊戲，看起來不一定是直接訓練孩子的思維能力，但是要能夠展現好的思維能力，必須要了解事情是照一定規律在運作，主動思考事情運作規律是怎麼樣的，最進階才是去活用這些規則。建議大家在玩到比較複雜的遊戲時，要先確認孩子理解關於規律的特性，否則孩子可能搞不懂這遊戲到底是怎麼一回事，會容易產生挫折感。

而除了思維以外，我們最經常提到的還有讓孩子自主思考。思維是屬於孩子自己的，你做不到把自己的大腦複製黏貼到孩子身上，但是你可以一步步引導孩子去發現思維的奧妙。不過前提是，**要給孩子足夠的空間和時間去發展和探索**。

我和太太曾經帶老大、老二參加一些親子活動，整個過程都是讓孩子自己去做，盡量不插手。但是也常常會發現，有些爸爸媽媽會一直在旁邊提醒，或者只要孩子一做錯，就立刻糾正：

「你看，老師是用這個顏色啊！」

「你這樣擺放不像一棵樹。」

「你應該這樣放才對。」

……

這樣的做法，雖然會讓最終的手工成品比較好看，但是在這個過程中，孩子自己學習和思考的機會被剝奪了。如果哪一天沒有你在旁邊提醒孩子，他們很有可能就不知道該怎麼想和該怎麼做了。所以，我再次強調這個原則：**如果孩子沒有求助，就說明他還在自己嘗試，爸爸媽媽要管好自己的嘴巴和手哦！**

思維力遊戲①【小寶當家】

隨時隨地都能玩，一日管家換孩子做做看

準備材料：什麼都不需要

鍛鍊能力：問題解決，語言表達，思維靈活性

難易度：●●○

你看過電影《小鬼當家》（*Home Alone*）嗎？孩子管家也可以很厲害。跟兩、三歲孩子玩【小寶當家】遊戲時，爸爸媽媽可以跟他說：「今天你當家，家裡的事都歸你管，你說了算。」然後問他一些需要解決的問題。

例如要跟孩子出門時，發現自己襪子破了個洞，就可以問問小管家：「你看，爸爸的襪子破了個洞，該怎麼辦呢？」

孩子可能說「不知道」。而根據他說不知道的原因，你有兩種應對方式：

〔情況A〕孩子真的不知道

第一種情況是，孩子沒有相關的生活經驗，確實不知道答案。在這種情況下，可以**提供幾個選項讓孩子選**。

（以下是模擬引導對話）

「爸爸想到了，要不今天我穿涼鞋出門好了，這樣就不用穿襪子。還是你覺得爸爸該去換一雙新的襪子呢？」當你邀請孩子幫你做決定後，他對這件事情的印象會特別深刻，也更有自信。

「穿涼鞋。」

在你穿上涼鞋後，可以再問他：

「為什麼你會選這個，而不是選另外一個呢？」

「要快點出門。」

「哦～原來你想早點出門，這樣可以玩得更久。」

在你的引導下，孩子會思考得更加深入。但要提醒的是，你給孩子的選項必須都可以實行。也就是說，孩子做選擇後，你就真的要執行。當孩子選擇讓你穿涼鞋出門，如果你找出各種理由拒絕，最後換了一雙新的襪子，孩子可能會覺得很受挫。

〔情況B〕孩子懶得思考

還有一種情況是，孩子有相關的生活經驗，只是懶得思考，乾脆說「不知道」。這種情況下，你可以**使用一些策略，避免孩子逃避思考**。

#假裝自己不知道

「爸爸襪子破了，不知道怎麼辦，好希望有人能告訴我答案呀。今天小寶當家，你可以幫助我嗎？」

#使用獎勵

「爸爸襪子破了，不知道怎麼辦。誰來幫助我，週末我就帶誰出去溜直排輪。」要注意盡可能避開物質獎勵，而是獎勵孩子一段美好的親子時光。

而在使用這些策略後，孩子往往會提出一些解決方案，你可以和他一起討論各種方案的優缺點。舉例來說，如果孩子說「把破的地方遮住就好了」，你可以說「這樣最省事，不過被發現了怎麼辦呢？」引導孩子繼續想辦法。

另外，想要遊戲進展順利，平時在想問題時，可以盡量把自己的思緒講出來，讓孩子學習怎麼解決問題。比如在組裝衣櫃時說出步驟：「先裝好底層，再豎起四根木棍。接著插上卡榫。注意卡榫要放在同樣位置，不然木板裝上會不平，需要拆掉重裝……」潛移默化中，孩子的問題解決能力會更好。

思維力遊戲②【提意見】

在家裡進行，透過繪本共讀練習發問思考

準備材料：繪本

鍛鍊能力：問題解決，發散性思維，創造力

難易度：●●○

很多小朋友喜歡的電視動畫，像是《米奇妙妙屋》或《朵拉愛探險》，基本上都有引導孩子要怎麼去做問題解決，只不過看動畫時，孩子很容易過度投入劇情的發展，反而沒留意到跟問題解決有關係的細節。

所以，找一些好的繪本是更適合的做法，你可以多花一點時間跟孩子互動，然後問他：「你會怎麼做呢？」

而說到找繪本，我要推薦日本繪本畫家吉竹伸介，他的作品都是很棒的素材，善於以孩子的角度來看世界，然後提出各種千奇百怪的問題。像我家老大最喜歡的就是《我有意見》這本書，因為裡面有講到：

「為什麼大人想要買什麼就可以馬上買，但是我就要等很久？」

「為什麼大人可以很晚還不睡覺，小孩就要七早八早被趕上床？」

對於孩子提出睡覺的意見，書裡面爸爸解釋說，因為聖誕老人會派人來調查，看他是不是早早睡覺的孩子。

跟孩子一起閱讀繪本，可以啟發孩子思考。我很推薦親子共讀這本繪本。在讀的過程中，你可以問孩子：

「為什麼小朋友聽說聖誕老人要來調查，就打算早睡了？」

「不乖的小朋友沒有聖誕禮物。」

對於小孩子來說，乖乖上床睡覺，聖誕老人就會來給他發禮物；如果被發現很晚還不睡覺，聖誕老人可能就不來了。這個回答有經過思考。

透過故事的方式，可以幫孩子梳理事物之間的聯繫，訓練孩子去做判斷、換位思考，也就是彈性運用自己的知識；也可以鼓勵孩子舉一反三，學習怎麼解決問題。然後讀完繪本，就可以跟孩子玩【提意見】的遊戲了。

〔情境A〕孩子給大人提意見

一開始，孩子可能會提跟書上相同的意見，爸爸媽媽要引導他，想想自己的意見，培養孩子的發散性思維。而在我的啟發下，老大有次問我：

「爸爸，我有意見，為什麼媽媽可以不吃苦瓜，可是你要我吃苦瓜？」

我想了好久沒想出答案，最後決定以後他也可以不吃苦瓜了。

〔情境B〕大人給孩子提意見

孩子提完一個意見後，別忘了你也可以提意見。比如我會問老大：「為什麼你可以買好多好玩的玩具，我一個玩具也沒有？」

「你小時候玩過了。」

老大的回答讓我再次不知道該怎麼回應。

可見提意見這件事情，還是孩子比較擅長。

而且你會發現，隨著孩子的語言能力越來越好，他會很喜歡問問題。這時候你千萬不要指責他為什麼一直發問。

- 有些孩子會一直問同樣的問題，你可以在回答幾次之後，反問他別的問題。
- 有的孩子還沒有體會到自己找答案的快樂，你就可以給他一些提示，讓他體會到自己找到答案的快樂。

思維力遊戲③【不一樣的繪本】

在家裡進行，和孩子一起幫繪本設計結局

準備材料：繪本

鍛鍊能力：問題解決，批判性思維，想像力

難易度：●●●

【不一樣的繪本】怎麼玩？其實除了演出繪本，另一個更有意思的玩法，就是引導孩子幫繪本設計不同的結局，鍛鍊孩子的思維力、想像力和批判性思維。

舉例來說，英國童話作家唐娜森（Julia Donaldson）的《古飛樂》（*The Gruffalo*），是講一個「狐假虎威」的故事，小老鼠阿斗借怪獸「古飛樂」的力量，嚇跑了想吃牠的各種動物。在繪本中，小老鼠阿斗遇到了很多困境，狐狸、貓頭鷹、蛇和古飛樂，一開始都想要吃掉牠……

爸爸媽媽可以一邊讀繪本，一邊對孩子提問。像是在讀到狐狸請小老鼠去狐狸窩吃飯的時候，問孩子：「這隻狐狸是真的想和小老鼠吃飯嗎？」

「不是。」孩子搖搖頭。

「對，狐狸想吃掉小老鼠。你覺得小老鼠該怎麼辦呢？」

孩子這時還不知道後面的故事情節，他就得自己動腦筋想。比如他可能會說「鑽到石頭縫裡」，或者「假裝說要為狐狸準備禮物，然後溜走」。這就是孩子發揮創造力解決問題的過程。

然後你們接著往下讀，看看小老鼠實際上是怎麼做的。

讀完繪本後，你還可以和孩子討論這個繪本，問他：

「如果古飛樂很聰明，一眼識破小老鼠的計謀，想吃掉牠，小老鼠該怎麼辦呢？」

「跑掉。小老鼠，跑得快。」

你可以肯定孩子的觀點，然後繼續引導他。

「遇到危險就跑，是一種安全的做法。還有沒有其他辦法呢？」

「跳到一個彈簧蟲身上，被小蟲彈到天上去。」

「真厲害，你竟然想到這麼有創意的點子。不過小老鼠還是會掉下來呀？」

「小老鼠掉下來，落在古飛樂的頭上。古飛樂捉不到牠了。」

你看，這是一個解決問題的過程，也是一個發揮想像力的過程。在你有邏輯的引導下，孩子會有更多的思考。

思維力遊戲④【兩兩配對】

在家裡進行，比較異同也是創意學習

準備材料：任何東西都行

鍛鍊能力：因果判斷，發散性思維，觀察力

難易度：●●○

這個遊戲步驟很簡單：比較兩種東西的相似點和不同。任何東西都可以做道具，比如孩子常玩的積木、絨毛玩偶、小車車等玩具。

玩法是隨機拿兩個玩具，然後問孩子，這兩個玩具有什麼相似的地方。比如積木塊和小汽車有什麼相似點？它們都是方形的，都是冷冷的、硬硬的。孩子講了一個之後，就換大人講一個，直到都想不到為止。

〔變化〕輪流找出不同的地方　難易度：●●○

除了找相似點之外，也可以訓練孩子找不同的地方。同樣是輪流講。就拿恐龍模型來說，你拿出霸王龍和三角龍模型，和孩子輪流找不同的地方。

孩子：「三角龍脖子上戴著一把扇子，霸王龍沒有這個脖圍。」

爸爸：「霸王龍的牙齒比三角龍粗。」

你們可以一直說下去，幫助孩子拓展思維，內化更多的經驗。比如他會知道恐龍分為很多種，每一種都有自己的特點。

另外，不妨也和孩子比一比，誰能夠找出兩個東西之間最多相似或相異的屬性。在孩子熟悉的領域，像是動物和汽車世界，你不一定能輕鬆獲勝哦！

〔延伸〕提出反問激發想像力　難易度：●●○

有時候你還可以問孩子「為什麼」，幫助孩子形成自己的因果判斷。比如當他提到三角龍脖子上戴著一把扇子時，你可以問他：「為什麼會有不同呢？」

孩子一開始可能說不知道，你可以提醒他想像一下。

「因為三角龍比較怕熱。」

「哦，你覺得他會給自己扇扇子，這個想法真有趣。我們來一起查查，這種扇子是不是能讓三角龍夏天更涼快。」

這個遊戲還有更多的擴展玩法。遊戲道具不僅限於物品，你們也可以比較抽象的概念，比如「星期六和星期日有什麼相同和不同」；甚至不同的人，比如「爸爸和媽媽有什麼相同和不同」。你猜孩子會有怎樣的回答呢？快去問問他吧。

思維力遊戲⑤【猜猜我是誰】

在家裡進行，用交換問答猜「你的名字」
準備材料：筆和兩張便利貼
鍛鍊能力：問題解決，想像力
難易度：●●○

其實這是大家很熟悉的猜名字遊戲。在這個遊戲裡，使用到的排除法，是一種常用的邏輯思維能力，讓孩子透過比較和排除，找到正確答案。

你只需要準備兩張便利貼和筆，先和孩子規定好一個待猜的範圍，比如你告訴孩子他是一個交通工具，孩子說你是個水果。

然後你和孩子分別在便利貼上，寫下或畫出腳踏車（交通工具）、香蕉（水果）。過程中注意不要讓對方看到。

寫好後，分別把手上便利貼拍在對方額頭上。這時孩子的額頭貼了一張腳踏車圖片，他就是腳踏車了。你們互相不知道自己是什麼，因為只有對方能看到自己的額頭。

接下來，你和孩子輪流進行提問，每次可以問一個問題，對方只能回答「是」或「不是」，比比看誰最先猜出自己頭上便利貼的物品名。

「我是在天上飛的嗎？」孩子先發問。

你回答「不是」，然後接著問：「我是紅色的水果嗎？」

「是的。我是地上跑的嗎？」

孩子需要記住你的回答，然後縮小猜測範圍。

「是的。那我是硬硬的嗎？」你繼續回答和提問。

「不是。我有四個輪子嗎？」孩子再次縮小範圍。

在你回答「不是」後，如果孩子說出：「我知道啦，我是腳踏車。」這時你還沒猜出自己頭上便利貼的物品名，孩子就贏了。

在這個遊戲中，孩子需要調用以往的經驗和知識，嘗試提出更好的問題和猜想，並根據你的回饋來確定下一步提問方向，逐步縮小猜想的範圍，可以有效鍛鍊孩子的邏輯推理能力。剛開始孩子的提問可能會比較隨意，沒有很強的系統性，但隨著知識經驗的不斷積累，孩子能逐漸學會更有技巧地提問，進一步簡化解決問題的步驟。

而在孩子成功解決問題之後，爸爸媽媽可以跟孩子一起進行反思，討論哪些方法和策略能夠更加有效地解決問題，幫助孩子掌握問題解決的方法。

思維力遊戲⑥【國王的規則】

在家裡進行，以柯南精神揪出隱藏的規律

準備材料：什麼都不需要

鍛鍊能力：歸納推理，記憶力，自制力，觀察力

難易度：●●●

這個遊戲可以提高孩子的歸納推理能力。在遊戲中，一方為「國王」，另一方為「偵探」。家長可以先做國王，讓孩子來做偵探。

玩法是由國王制定一個規則，將規則寫到或畫到（用自己能記住的方式）紙上，扣在自己面前。例如「每次說話時必須摸摸鼻子」或「每次只說五個字」等等。

孩子做為偵探，可以對國王進行提問或互動，而國王要嚴格遵守自己制定的規則。（例如國王的規則是每次說話時都要摸摸鼻子，那麼在和偵探互動時，每次國王說話都必須摸自己的鼻子。）

國王可以先按規則重複三次。偵探透過仔細觀察，猜測國王的規則。如果做完三次後，沒有猜對，國王繼續按規則表現，偵探接著猜。越早猜中規則，得分越高。完成以後，你和孩子可以交換角色，再次進行遊戲。

大致規則就是這樣。這個遊戲讓孩子透過在對話和行動中發現「國王」設定的規則，可以鍛鍊孩子的觀察力以及推理能力。其玩法至少有兩種：

〔玩法一〕與國王對話　難易度：●●●

第一種玩法，國王必須說話。由孩子當偵探對國王提問。孩子需要在對話中發現國王共同的行為。

假設規則是「每句話第一個字都必須是『啊』開頭」。

（以下模擬遊戲對話）

偵探：「今天星期幾？」

國王：「啊，今天星期六。」

如果孩子能夠很快猜對你的規則，不妨將規則設計得更加複雜和隱蔽一些，讓遊戲更具挑戰性。接著列出幾種「國王」可以參考的規則，爸爸媽媽可根據和孩子遊戲的情境選擇：

- 每句話中必須包括「我」和「對的」。
- 說到形容詞時，要比劃相反的含義。比如說到「大」要比劃「小」，說到「圓」要比劃一個方形……

〔玩法二〕與國王互動　難易度：●●●

第二種玩法不同的是，國王不會說話，而是用動作表達規則。偵探可以提問，國王只能回答「是」或者「不是」。偵探需要觀察國王的行為，找出其中的規律。而這個玩法也有幾種國王可以參考的規則：

- 國王搭積木，每搭兩個紅積木後，就搭一個黃色積木。
- 身體要向右搖擺兩次，再向左搖擺一次，然後轉一圈。
- 先哈哈笑，突然裝作悲傷，再哈哈笑。

你會發現，在孩子當偵探時，這個遊戲能鍛鍊他的歸納推理能力；輪到孩子當國王時，他需要自己定一個規則，然後堅持執行規則，這對孩子的自制力也是個大挑戰，快和他一起試試吧！

心理學家爸爸之單元小任務

在這個單元中，介紹了幾個可以提升孩子思維力的遊戲。請選擇其中一個遊戲和孩子進行互動，並記錄過程（例如孩子對於任務的執行情況，或是你的感想等）。

【是非題】

（　）1 思維力等於邏輯推理。

（　）2 要等孩子大一點，再關注和培養他們的思維能力。

（　）3 讓嬰兒多接觸會有即時回饋的東西，像是摸了會發出聲音的東西，就是在鍛鍊孩子基本的思維能力。

（　）4 只有學習和理工科有關的東西才會用到思維。

（　）5 找出事物的規律性是訓練思維力的關鍵。

（※記錄表單、答案與說明請見附錄三〇六、三〇七頁）

第七章 規劃能力：讓孩子生成自己的學習地圖

規劃能力是一個華人社會普遍欠缺的能力，我們習慣被告知要做什麼事情，小的時候是爸爸媽媽告訴我們該做些什麼，長大了是老師告訴我們該做些什麼，出了社會後是老闆告訴我們該做些什麼。似乎都要到了一些階段，我們才會逐漸覺醒，發現自己其實很不會處理事情，除了念書之外，不知道要怎麼處理生活上的瑣事；工作之後，對於工作以外的時間完全沒有好安排，要不就是追劇，要不就是打遊戲發懶。

不少爸爸媽媽會覺得孩子很多事情還不懂，所以習慣性的幫孩子做規劃，告訴孩子該做什麼事情。這樣的做法，在孩子小的時候，好處是大於壞處的。但是隨著孩子越長越大，自主性越來越強，對孩子的好處就會越來越少，因為會讓孩子越來越依賴家長，然後學不會自己管理生活和學習。

事實上，三歲多的孩子就對於自我有意識，會想要自己做決定，照自己的步調來做事情。這時就是我們可以培養他們規劃能力的時候了。

像在家中，我們盡量不干涉孩子的活動，雖然有一些基本的時間規劃，但還是以孩子自己的步調為主。比如我們不會叫孩子一定要先把什麼事情做完，才能夠去玩，而是告訴他：「你今天要完成這些事情，那麼你可以先做完事情再玩，或是先玩再來做事情，都是可以的。」

我家老大之前就有幾次吃了苦頭，因為貪玩，又沒有精準規劃自己寫作業需要花多少時間，結果太晚才開始寫作業，寫到很晚才完成。這個經驗乍看之下不大好，但這對老大是很好的提醒，他後來對於自己的時間規劃就比較謹慎，我們在他決定要先玩樂後寫作業的時候，也會提醒他：「你記得之前那次的經驗吧？」

我家老二雖然還小，在一些行為上也展現了好的規劃能力。像是他現在偶爾還會有一點點尿床，所以睡覺時一定不會穿他最想穿的衣服，而是會把明天想穿的衣服拿出來放在一旁，再另外挑一套來穿。到了早上，他就會自己起來把衣服換上，而這一系列行為其實就是在做規劃。他會有理有據地安排自己的生活，很厲害！多數時候，我們都會讓老二規劃自己的穿著，但是他這傢伙就只喜歡穿舒服的運動服，要幫他打扮成小帥哥的樣子都不行，還真是非常讓人頭疼。

每天穿的衣服、吃的食物、參與的活動，
都是需要規劃的，
從小 就給孩子一些規劃的機會，
哪怕他們的規劃不好，也都是很好的練習。

扯遠了，不知道各位爸爸媽媽會不會覺得奇怪，孩子會自己管理自己的衣著，和學習有什麼關係呢？或者心想：「你的孩子會有意識要去寫作業，可是我們家的根本不會這麼自覺呀！」大家不要著急，我接下來就仔細介紹一下什麼是規劃能力，還有我們該如何培養這種能力。

什麼是規劃能力

說到規劃能力，你可能會想不就是安排好要怎麼做一件事情嗎？簡單來說，這樣的想法大方向是對的，但若從心理學的觀點，我們會加上一些描述，像是這樣的安排必須是有意識的，而且可以說明一個人達成預定目標。所以，如果是陰錯陽差把事情做好，不能算是好的規劃，因為你只是碰巧運氣好；如果你做了很多安排，每個步驟都沒有出錯，還是沒有辦法達成預定目標，也不算是一個成功的規劃。

計畫的建構

在心理學的理論中，完整的規劃能力包含兩個環節：計畫的建構與計畫的執行。在建構計畫時，我們需要考慮好幾件事情，步驟如下：

(1)預期達到的目標是什麼
(2)現在的進展程度
(3)目前的進展與預期達到的目標之間有哪些差異
(4)要往目標前進會遇上哪些限制
(5)想辦法拉近現狀與目標之間的距離

接下來我就拿學算數做例子，幫助大家更理解這幾個步驟。如果說我們預期達到的目標，是孩子能夠做10以內的加減法運算，就算完成了第一個步驟。

然後我們要了解孩子現在數學程度到哪裡，再搞清楚要能夠完成10以內的加減法運算，需要具備哪些能力。假設你家孩子連1～10這幾個數字都不認識，就要先認識數字，才有可能進一步引導孩子做加法練習，等到孩子熟悉加法運算之後，再帶入減法的運算。

有些爸爸媽媽可能是數學小白，對於要教孩子加法、減法，就會是一個很大的限制。另外，這個限制也可能是沒有足夠的時間，或是孩子本身對數學沒有興趣等等。在認清限制的同時，其實也可以再修改預期達到的目標，比如把設定目標降低，先學會5以內的加法。

一旦搞清楚目標，以及會遇上哪些限制，就可以規劃要用什麼方法進行。例如，先用各種不同的方式讓孩子認識數字，適時搭配合適的影片、遊戲等等，強化孩子對於數字的興趣和理解。在孩子熟悉數字之後，就可以想辦法用具象化、貼近生活的做法，讓孩子理解「加」、「減」的概念。

由於孩子的大腦不擅長處理抽象化的事物，而數字、加減法都是很抽象的概念，所以我們一定要盡量把這些概念具象化。比方說先拿一個蘋果給孩子，然後再給孩子一個，問他現在有幾個蘋果。如果孩子正確答出「有2個蘋果」，就可以順勢告訴他，這就是1＋1，一個蘋果加上一個蘋果，就會是兩個蘋果。

到這裡，我們已完成了⑴到⑸這五個小步驟，也就是完成計畫的建構。

我要提醒大家一件事情：**千萬不要低估規劃的難度**。你想想看，如果老闆突然交辦一件你沒做過的事情，你是不是會完全沒有頭緒，而且感到很焦慮？這種感覺，就是孩子在面對多數問題時的心理感受。對於沒有學過加減法的孩子來說，他不知道該怎麼面對這個問題，因為他完全沒有基礎！

所以，規劃的過程其實遠比你想像的複雜，你要預測事情可能會怎麼發展，思考過程中可能會遇上問題，有時候又需要回過頭去修正目標。這個過程中涉及不少的決策判斷。很多沒有經驗的人，就會容易做出低效的規劃，也就是既耗費時間，成效又比較差的規劃。

其實孩子一直在經歷這些，包括我們自己，也一定有體驗過這個過程。如果你沒有從過去失敗經驗中汲取教訓，下次就很難做出更好的規劃。像是你一定有過失敗的旅行規劃，但是第二次你就知道有哪些「雷」不能踩，還有哪些是需要注意的地方。所以，經驗很重要，為了讓孩子多去感受這個過程，我們就要多讓他練習做規劃，如此一來，他才有機會找出最適合自己的規劃方式。

爸爸媽媽不要認為這樣的培養好像太過早了，像我前面舉老二穿衣服的例子，孩子很小就會有自己安排生活的意識。而且等到孩子上學後，開始需要管理自己的學習，這項能力就更重要了。

另外，我還想強調一點，**我們認定的最佳規劃，不見得是最適合孩子的，因為每個人習慣的做法、擅長的事物都不大一樣**。比如孩子衝突排解的能力還不夠好，他選擇先玩再做作業，你就讓他自己安排，等到作業做不完，他才會發現，其實應該要先做作業再玩會比較好。

計畫的執行

有了好的規劃之後，就是要去執行，這當中包含了對於進度的控制，以及不停修正做法，確保自己最後能夠達到預期的目標。多數時候沒有達到預期的目標，跟計畫的建構，也就是第一步有很大的關係。不好的規劃會導致執行起來很難。比如在孩子還不熟悉數字的情況下，就叫他背九九乘法表，執行起來就會非常困難。就算孩子記住了，也只是記住口訣，卻不能理解乘法表的意思。

當然也有另一個原因是動機不足，也就是根本沒有做下去的動力，所以進度非常緩慢。這一點在成年人身上也是相當常見。

你想想自己每年年初是不是都有設定一些年度計畫，但是等到年底回過頭檢視，都發現自己沒有完成多少？很多時候我們沒有足夠動機想要做好某件事情，因此總是拖到不得不做才會開始拚命，拖延症其實就是這樣產生的。那麼，如果一件事情沒有不得不做的壓力時，就很有可能被擱置了，即使這件事情有再完美的規劃，也是沒有意義。

好的規劃讓學習更高效

好的規劃能力，對於生活有很大的幫助，對學習也是如此。

在孩子還小的時候，爸爸媽媽的干涉程度會高一些，如果規劃了適合孩子的學習方案，孩子不僅有機會學習得比較好，也能比較快學會。像我家老大是一個實幹家，也就是很喜歡實踐的那種，我和太太在規劃他的學習方案時，就會盡可能把他要學的東西和活動，或是遊戲，都融合在一起，讓他在過程中學習。

有時間的話，我也會自己規劃遊戲，或是找一些比較好的遊戲本，讓老大來做。比如我就買過一本數學的偵探活動本，每個單元都有一個需要解決的謎題，孩子必須透過完成數學題，才能找到答案。因為老大很喜歡這類型的偵探活動，就會願意認真解數學題，達到學習的目的。

但是，父母畢竟不能永遠幫孩子做規劃，所以你一定要逐漸放手，讓孩子自己去練習做規劃。建議爸爸媽媽可以DIY一個時鐘，**先讓孩子從規劃自己的時間分配開始做起**，因為這是比較容易安排的，也比較具象化。

先從30分鐘的規劃做起。你可以在紙上畫一個時鐘，然後用不同顏色的筆，代表不同的事情，比如黃色是學習，藍色是休息。假設你希望孩子在30分鐘內要有15分鐘在學習，那麼你就讓孩子自己去規劃，這15分鐘要怎麼安排在這半小時裡面。在孩子規劃完成之後，你可以幫他設置鬧鐘，時間一到，提醒孩子要切換任務了。每次完成之後，你可以問問孩子，覺得這樣的安排好不好？下次會不會想要換一個規劃方式？

如果孩子喜歡這種方式，你還可以用它幫孩子規劃日程。但只有文字可能會太單調，爸爸媽媽也可以採用圖片＋文字的形式來畫這個時鐘。很多國外幼兒園的排

程都採用這種形式，孩子看了接受程度應該會更高。

不過，我覺得孩子一般對於學習的規劃會比較沒有興趣，而且感受力不是那麼強。**帶孩子烹飪**倒是一個很不錯的做法，像是要做餅乾、蛋糕，必須要照一定的程序，要有好規劃與安排，否則就沒有辦法做出好吃的東西。所以我平時在家帶孩子做甜點，就會告訴他們，我們要先把需要的食材都準備好，然後才開始做。

過程中，我也會安排孩子幫忙做一些他們可以做的事情，像是做香蕉蛋糕的時候，老大和老二就是負責把香蕉壓爛。有時我也會故意搞錯步驟，讓他們知道，如果步驟錯了，做出來的東西可能就不會那麼美味。透過這樣的方式，孩子會知道做好規劃是很重要的，如果凡事都有先做準備，做事情就會比較有效率。

好的規劃讓學習更務實

很多時候，我們都喜歡設一個很偉大的目標，但其實這樣的做法，長遠來看並不好。首先，偉大的目標會讓人覺得無法達成；再者，努力很久都沒有獲得成就感，很難堅持下去，也會失去動機。所以，**要能夠做適當的目標設定，並且安排好的學習方案，才能真正學到一些東西。**

現在很多線上學習都有掌握這樣的大方向，他們把學習拆解成許多小單元，甚至設置不同的學習徽章。不過，因為孩子的個別差異大，這種很統一、很模式化的線上學習，很難幫孩子做最理想的規劃。所以在家為孩子做合理的安排，就非常需要爸爸媽媽充分體察孩子的能力。

一般來說，我們要**把學習目標設定為有一點挑戰性**。我家老二現在上的幼兒園，讓中班和大班的孩子混齡上課，我明顯發現這學期老二的進步，像是他最近就很喜歡寫數字、英文字母等等，這個是我們先前沒有特別引導他去做的事情。老師說有可能是他們在班上要求孩子要寫簽到表，雖然中班和大班用同樣的簽到表，但對孩子的表現會有不同程度的期待。可能在過程中，孩子發現哥哥姊姊會寫上數字之類的，就學著一起做，即使他們只有被要求要在星號裡面塗色而已。

我舉這個例子是要告訴大家，**學習目標和難度的設置是很重要的**。在我家老二的例子裡，像哥哥姊姊一樣會寫數字和英文，對他來說是個有一點挑戰性的目標，而且成功調動了他的興趣，所以他能夠自發地一步步達成目標。

如果在孩子學習的過程中，爸爸媽媽能夠讓目標一直有一點挑戰性，這就是最好的規劃。因為這樣做，孩子就不會因任務太困難而選擇放棄，同時也不會覺得任務太簡單，很快就失去興趣。

說到根據孩子的能力來設置目標，我還有一點想跟家長們說。我知道很多爸爸媽媽都會焦慮，自己孩子學得比別人少怎麼辦？但是你仔細想想，孩子真的會因為比較早學習，或是學習比較多，就會有比較好的發展嗎？如果孩子只是提早學習，但是並沒有持續掌握這個優勢，那麼提早學習對孩子的幫助是有限的。**超越孩子發育程度的學習，很容易造成反效果，最嚴重的就是讓孩子失去對這個素材的興致。**

同樣的，多學一點東西，如果沒有掌握重點，也只能說是浪費時間罷了。要幫孩子做好的規劃，才是真正有幫助的。

如何提升孩子的規劃能力

提升規劃能力最好的方法，當然就是讓孩子多練習，不過對於年紀太小的孩子，直接要求他做規劃是很不容易的。因此，我會建議爸爸媽媽針對規劃所涉及的過程，也就是計畫建構列出的五個步驟，透過親子活動或遊戲來加強訓練。雖然這不是直接的做法，但對提升孩子規劃能力也是有幫助的。

規劃能力學習樹

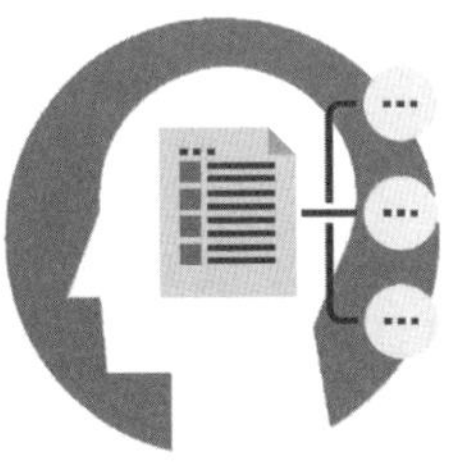

如何提升孩子的

規劃能力

練習按照步驟

按指令搭積木（p.203）
按指令找東西（p.206）
餐桌小管家（p.208）

解決突發狀況

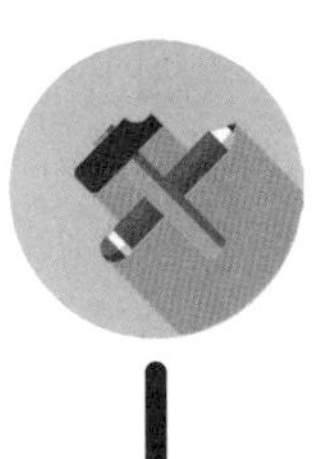

天平傾斜了（p.211）
破壞大王拆拆樂（p.213）
準備去兜風（p.215）

訓練按照步驟完成任務

第一個要訓練的，就是按照步驟完成任務的能力。往往孩子會覺得一件事情很難，是因為他們有太多不會的事情。

比方說你請五歲小孩用手機App訂外賣，就會有很多的問題，因為他可能不知道要怎麼解鎖你的手機，不知道要用哪個App，不知道要怎麼選擇外賣的商家，不知道要訂多少，不知道要怎麼完成訂購的步驟……。但如果能夠把任務拆解成幾個步驟，他們其實是有機會可以完成的。至少在爸爸媽媽的引導下，孩子有能力可以完成用手機App訂外賣的一些步驟。

因此，我們要讓孩子養成按部就班的好習慣，未來當他要完成複雜任務的時候，就會知道要先把任務拆解，然後安排自己該怎麼完成每個部分。

適合遊戲：【按指令搭積木】搭一個建築做為模板，孩子不能照著模板重新搭一個，而是要聽從指令搭積木。（二〇三頁）【按指令找東西】收拾屋子時，給孩子發指令，讓他幫忙找東西。（二〇六頁）【餐桌小管家】讓孩子當小管家，學會按步驟處理家務。（二〇八頁）

鍛鍊解決突發狀況

第二個要訓練的，就是解決突發狀況的能力，這個過程對於孩子在做規劃上，也是相當有幫助。而且鍛鍊這個能力的同時，也能讓孩子學會分析成功或失敗的原因。

很多孩子從小在父母嚴格的管教下，很清楚該在什麼時候做哪些事情。但是，我們這個世界常充滿著很多大大小小的意外，如果孩子不能夠因應這些突發狀況，而做一些調整或改變，那麼也很容易遇上挫折。所以，我們也要訓練孩子面對突發的狀況，讓他們有能力可以找出另一種做法，思考也不會那麼僵化。

適合遊戲：【天平傾斜了】在天平兩邊放玩具，保證天平的平衡哦！（二一一頁）【破壞大王拆拆樂】和孩子一起拆拼玩具，並注意尋找更高效的方法。（二一三頁）【準備去兜風】讓孩子幫忙做旅行前的準備，提醒孩子要有一個備案哦！（二一五頁）

規劃能力遊戲①【按指令搭積木】

在家裡進行，不是看著搭，而是聽指令做

準備材料：積木，或者娃娃衣服

鍛鍊能力：規劃的準備，語言理解，精細動作

難易度：●●○

簡單來說，這遊戲就像是孩子玩樂高積木，看著說明書，一步一步照著做，最後就能拼成一個有意思的東西。只不過在這個遊戲中，你是孩子的「說明書」。

首先，問問孩子想搭建什麼。

假設他想搭一座房子，你先自己搭一個，做為孩子之後搭建的模板。記得要一邊搭建，一邊把步驟告訴孩子。

「我要搭一個房子。想要房子搭得牢固，先要搭好地基，再一層層加高，然後在頂端放上屋頂。」同時你還可以跟他討論：「出門時，房子前面有沒有台階？晚上太暗了怎麼辦，我們在房子兩邊放兩座燈柱吧。」這些其實是你規劃搭建房子的過程，孩子會在你的描述和你們的討論中，潛移默化地學習。

注意要根據孩子的能力調整搭建難度哦！（依孩子的表現，決定一次要增加幾塊積

木）在搭完後，你可以把房子用紙板隔起來，讓孩子用剩下的積木，重新搭一座一模一樣的房子。如果剩的積木不夠，你也可以拍下這棟建築的照片，把小房子推倒，讓他用所有的積木重新搭一個。

接下來就交給孩子了。孩子不能看你的作品或房子的照片，只能根據聽到的指令去搭建。

現在該你發指令了。如果孩子比較小，你可以一次遞給他一塊積木，告訴他「平放在前一塊積木上」，或是「豎起來，放在上一塊積木的兩側」。甚至可以給孩子看一眼照片，指一指照片中積木對應的位置。

如果孩子的語言理解能力很棒，你可以再增加難度，比如直接對他說：

「拿四塊棕色的積木，兩塊平放在一起，另外兩塊搭在上面。這是房子的地基。」

「把兩塊藍色的長條柱子豎起來，搭在棕色地基的兩邊。要緊靠著地基哦！」

「在柱子上有一盞燈，是球形的。」

「找一找紅色的門，放在房子兩邊，左邊一扇，右邊一扇。」

在搭建過程中，孩子每搭一步，你需要反饋他做的是否正確。而房子搭好後，可以拿開遮擋紙板，或是把照片給孩子，讓他檢查一下是不是一模一樣。從平地到高樓，這是孩子最有成就感的時候。

〔變化〕建築師化身造型師

難易度：●●○

這個遊戲可以有很多種變化。如果孩子不喜歡玩積木，你也可以準備能夠換衣服的娃娃，一次讓娃娃穿上一個配件，請孩子把娃娃變成和照片中相同的樣貌。

如此一來，孩子在按步驟完成任務的過程中，學習一步步縮短現狀和目標的距離，也為以後獨立規劃做準備。

▲像這種照著圖片疊高塔的玩具，也適合孩子拿來做規劃能力的訓練，因為如果沒有照正確的順序，就沒有辦法疊出一模一樣的高塔了。

規劃能力遊戲②【按指令找東西】

在家裡進行，我說你做，孩子是收納小幫手
準備材料：什麼都不需要
鍛鍊能力：規劃的準備，語言理解，記憶
難易度：●○○

這個遊戲可以在收拾屋子的時候進行，以指令引導孩子按照步驟完成任務。在開始收拾屋子前，爸爸媽媽可以告訴孩子：

「屋子亂了就不美了，現在我們的目標是把客廳收拾乾淨，你是我的小幫手。首先我們得把客廳的垃圾撿起來，放進垃圾桶裡，然後把放錯位置的東西擺回原位。好了，現在我來說，你來做。」這種描述能讓孩子明白活動的目標和基本步驟，其實是在教孩子做規劃。

接下來，你可以給他發指令：

「拿起茶几左側的遙控器，放到電視機旁邊。」

「果盤後面有團廢紙，請把它扔進垃圾桶。」

在遊戲過程中，你的指令很重要。孩子的記憶能力有限，剛開始可以一次只說一種指令，比如「請把沙發下面的書撿起來」。如果孩子能輕鬆完成，你再試著一次說兩種指令，比如「請把沙發下面的書撿起來，放到書架第二層」。

〔進階〕指令加入空間詞彙　難易度：●●○

隨著孩子的能力發展，逐漸升級你的指令。你還可以根據孩子的認知，加入空間詞彙，比如「下面」、「左邊」、「正中間」等等。當孩子找到正確的東西後，別忘了鼓勵他：「真棒，你讓房間更美麗了。」

如果孩子不肯參與活動，你可以用【扮家家酒】的遊戲來吸引他。比如對孩子說：「動物園走失了好幾隻動物，想請小偵探把它們找回來，你願意幫忙嗎？」或者說：「垃圾桶這個大胃王又餓了，你知道，它最喜歡吃垃圾，你願意幫忙把它餵飽嗎？」這種遊戲會讓孩子更有興趣。

你會發現，找東西的遊戲既能鍛鍊孩子的方位感和健康管理能力，同時能讓孩子懂得聆聽指令，增強孩子的語言理解能力和執行能力。在這個過程中，孩子也在學習怎樣一步步地實現目標。

規劃能力遊戲③【餐桌小管家】

隨時隨地都能玩，飯前進行恰好一舉兩得
準備材料：什麼都不需要
鍛鍊能力：規劃能力，問題解決
難易度：●●○

其實這個活動在飯前做就可以了。邀請孩子來做「餐桌小管家」，負責餐桌布置和餐具的擺放。

你可以引導孩子思考有幾個人用餐，怎麼安排座位，要準備哪些東西，數量是多少等等，先大致有一個規劃。以下簡單模擬活動進行中，媽媽和小管家的對話：

媽媽：「快開飯了，小管家應該做些什麼呢？」

孩子：「要擺椅子。」

媽媽：「要擺多少把椅子呢？我們一起來數一數吧。」

然後開始和孩子一個一個數，家裡加上小朋友自己，總共有五個人。小管家負責拖出五把小椅子。

媽媽：「還需要什麼呢？」

如果孩子說不出來，可以給他一點提示。

媽媽：「我們用什麼吃飯呢？」

孩子：「用碗吃飯。」

適時提問，看孩子是否記得剛才數的數。

媽媽：「那我們需要多少個碗？」

另外，可以再提醒孩子注意一些細節，比如需不需要擺上給寶寶用的兒童餐具和安全座椅，需不需要拿杯子盛飲料。而擺放過程中，還可以引導孩子具體思考不同家庭成員的需求，問他爺爺喜歡哪個杯子？叔叔是左撇子怎麼辦？弟弟的寶寶椅應該放在哪裡？是否需要酒杯等等。

建議可以從日常的餐桌擺放開始，等孩子完成得比較好以後，再讓他嘗試擺放多人聚會的餐桌。

你也許注意到了，當爸爸媽媽給孩子一些權力，比如讓他做「小當家」、「小偵探」、「小管家」，他會更有掌控感，參與的興趣也更濃。等到孩子擺好餐桌，記得感謝他的幫助，還可以提醒他，小管家要帶頭好好吃飯，不可以挑食哦。

〔變化〕在不同場景化身小管家 難易度：●●○

除了做飯前準備，孩子還可以做家務小管家、旅行小管家。比如在引導孩子整理衣物時，問他：

「衣架上的衣服乾了，該怎麼辦呢？」

然後按步驟引導他：第一步是收衣服，然後把上衣、褲子、襪子疊好，疊好後記得順手分類，最後要把不同的衣服分別放在對應的地方。

別看這只是件小事，孩子透過類似這樣的鍛鍊，學會了尋找更高效的方法，為獨立的規劃做準備。

規劃能力遊戲④【天平傾斜了】

在家裡進行，自製教具或現成桌遊都好玩

準備材料：書、尺或天平，玩具

鍛鍊能力：規劃力，數學啟蒙，科學思維

難易度：●○○

如果家裡有天平就可以直接開始遊戲了。沒有也沒關係，可以準備一本有點厚度的精裝書，加上一把三十公分的尺，先跟孩子一起做個簡易天平。

做法是把書豎起來，書背向上，然後把尺放上去，注意兩邊保持平衡。遊戲前先在尺的兩側末端擺上同樣大小、重量的東西，讓孩子看到這樣的狀況是平衡的。這也是遊戲的預期目標。

接著把其中一端的東西拿走，然後給孩子一些大小、重量不一的東西，比如一邊放個積木，一邊放一本書。孩子會發現，天平歪了。

請孩子想想要怎麼讓這個天平重新恢復平衡（桌上可以放一些玩具、積木）。而孩子要讓天平平衡，得評估天平兩邊重量的差異，他要知道積木和書到底誰重誰輕，差別有多大？然後動手增加或者移除一些物體。所以，這個遊戲還可以培養孩子的科學思維哦！

在孩子操作前，你可以問問他，打算做什麼讓天平恢復平衡。「先把書和積木都拿下來，用左右手托著，比較一下輕重。然後在輕的那邊加些東西，比如積木、小彈珠等等。」孩子也許會這樣規劃。

爸爸媽媽可以讓孩子按自己的想法試試，看看能否成功。然後問他有沒有其他的解決方法，比如移動尺，讓書兩側的尺長短不同。當天平重新平衡後，記得恭喜孩子達成預期目標。

如果覺得自製天平太麻煩，也可以直接購買類似的桌遊產品。比如Thinkfun的「豆豆蹺蹺板」，不僅要考慮豆子的重量差別，還加入了槓桿原理；還有Smart Game的「小狗數字天平」，在教孩子平衡的同時，學習數量的加減。這些都可以和孩子玩起來，提高孩子的規劃力。

規劃能力遊戲⑤【破壞大王拆拆樂】

在家裡進行，舊玩具也有創意新用途
準備材料：玩具，螺絲起子等工具
鍛鍊能力：規劃，精細動作，問題解決
難易度：●●○

家裡有閒置的玩具別扔掉，和孩子一起拆拆拼拼，也可以鍛鍊問題解決的能力。

首先，和孩子一起拆解閒置玩具，用螺絲起子等工具打開，看看玩具裡都有什麼。鼓勵孩子仔細觀察玩具內部，各個零件的構造和擺放位置，以便拆解玩具後，再重新把零件組裝回去。（可拍下玩具內部結構，方便之後恢復玩具構造。）

然後和孩子一起把玩具零件一個一個拆出來。為了降低重組玩具的難度，拆下的零件要注意按順序放好，爸爸媽媽也可以用手機拍照，以便記住取出的順序。一邊拆解玩具，一邊和孩子討論不同零件的用途，建議不妨讓孩子先猜一猜，再告訴他零件的名稱和用途。如果不太清楚，可以跟孩子一起查閱資料。

比如拆一個音樂盒，問孩子機芯裡大滾筒上的小尖尖（突刺）是做什麼的。如果孩子不清楚，你可以慢慢地搖動把手，上發條，讓孩子仔細觀察。他會發現，不同位置的小尖尖依次彈動簧片，發出一個個不同的聲音。

充分研究各個零件後，就到了最難的環節——將玩具復原！這是鍛鍊孩子規劃能力的好時機。因為在組裝時，孩子需要想到先安裝哪一部分，再裝哪些部分。如果拆開的玩具裝不回去，也沒有關係，重要的是拆解研究和嘗試組裝的過程。

我和老大拆過一輛發光的玩具小車。這個車是小狗的樣子，有一對會閃光的耳朵。我們把小狗的腿、耳朵、頭拆開，發現耳朵上有個燈管，有電線相連。因為耳朵的閃光太強了，我把這根電線剪斷了。

接著，老大負責把小狗裝回去。他先把腿調到合適的位置，讓我幫他拴緊螺絲。這時意外發生了，狗的耳朵和頭都不能回到正確位置。我提醒他，先拴緊螺絲，狗狗的耳朵和頭就沒辦法卡進卡槽裡了。於是他又讓我轉開螺絲，我們一起先把所有部位卡在合適的位置，最後重新把螺絲拴緊。這下終於成功了。

〔進階〕把零件當樂高組新玩具　難易度：●●●

這個遊戲對於動手能力強的人非常適合。你還可以鼓勵孩子將幾個玩具拆開，發揮創意重新組合，看看能否組合出新的玩具。但要注意的是，在拆電子產品的時候，要確認電子設備沒有接上電源，一定要保證安全哦！

規劃能力遊戲⑥【準備去兜風】

在家裡進行，做好準備才能快樂出遊
準備材料：旅行用品
鍛鍊能力：規劃力，問題解決
難易度：●●○

生活中的機會，是鍛鍊孩子規劃能力的最佳時機。比如要帶孩子出去玩之前，不妨讓他自己試著做旅遊計畫。

〔計畫A〕孩子自己準備背包

你可以給孩子一個包包，請他把自己需要的東西放進去。雖然孩子會帶一些奇怪的東西，但只要不是太誇張，我們都該讓孩子有機會自己做決定。

另外，如果爸爸媽媽發現孩子背包欠缺一些東西，也不要幫他補上，而是要在隔天出去玩的時候，再告訴他，我們沒有帶這樣東西，所以現在沒辦法做某件事。比如沒有帶泳衣，就不能去露天游泳池玩水。

這樣的經驗會讓孩子留下深刻的印象，他們之後就會知道，要規劃出去玩，需要準備哪些東西。

我和太太一年大概會帶孩子出遠門兩三次，從孩子三歲開始，就讓他們自己準備一個背包，裡面放他們要拿來打發時間的東西，一般孩子就會帶玩具、書啊等等。從一開始沒什麼經驗，到後來兩個孩子越來越熟練，我覺得這是相當好的學習方式。

記得第一次帶孩子出國玩，老大硬是要帶一大堆玩具，我們已經告訴他，這樣會很重，沒有人會幫他拿這個包，他還是堅持自己的想法。後來真的吃了苦頭，之後他就不會再做這樣的事情了。

〔計畫B〕孩子的備選方案

還有，旅行的時候總會有些意外，包括天氣、交通變化等。你可以引導孩子想想，遇到這些意外情況怎麼辦呢？比如遇到下雨天怎麼辦？孩子可能會說撐傘，或是穿雨鞋；那遇上大太陽怎麼辦？迷路了怎麼辦？引導孩子一一思考這些意外，以後他就會知道，旅行時總會需要一個備案。

說到這個，我要向爸爸媽媽們推薦「大吉象和小豬寶」系列繪本的《Let's Go for a Drive!》（讓我們開車去旅行）。這本繪本講的是大吉象和小豬寶做旅行計畫的爆笑故事。如果家裡有這本書，你可以和孩子先讀繪本，然後問他決定帶什麼行李。每次孩子回答後，你可以再擴充他的答案。比如聽完孩子說了要帶的一堆行李後，你可以補充說：「那我們用什麼來裝行李呢？」提醒孩子還需要帶一個行李箱，這樣以後孩子在規劃時就會想得更全面。

最後，我想強調的一點是，**要訓練孩子規劃能力最好的方式，就是自己身體力行，做任何事情都要有所規劃**。

如果爸爸媽媽可以在規劃的時候，一方面告訴孩子，你現在是用什麼方式做規劃，那麼就更好了。孩子都是很會模仿的，如果你總是沒有規劃，想到什麼就做什麼，要訓練孩子有好的規劃能力就比較難了。

心理學家爸爸之單元小任務

在這個單元中，介紹了幾個可以提升孩子規劃能力的遊戲。請選擇其中一個遊戲和孩子進行互動，並記錄過程（例如孩子對於任務的執行情況，或是你的感想等）。

【多選題】以下對於規劃能力的培養方法，有哪些不恰當？

A 制定適合孩子發育程度的訓練方法。

B 玩積木時，給孩子設定很難的目標。

C 明天要出去玩，給孩子一個包包，請孩子放入自己需要的東西。當爸爸媽媽發現孩子少拿了一個東西時，需要幫他們補上。

D 在日常生活中，可以安排孩子幫忙做一些他們力所能及的事情。

E「時間」這個概念太抽象了，所以對於時間的規劃還是應該由大人來做。

（※記錄表單和答案請見附錄三〇八頁）

PART 3

要讓孩子樂在學習，你可以選擇這樣教小孩！

——運用行動科學養成孩子主動學習的好習慣

在第二部分介紹了五個與學習相關的心理運作，
但其實更多的時候，
造成學習出狀況的，
並不是孩子那五個能力不夠好，
而是其他的因素。
在這個部分，
我就要跟大家談談這些影響學習的因素，
以及要怎麼善用這些因素，
來提升孩子對學習的興趣，進而提升學習成效。

第八章 沒有動機，怎麼可能學得好

對學習影響最重要的因素就是動機，一個人如果沒有動機想要學習，那麼學習會非常沒有效率，而且學習成效可能會很差。現在社會環境各式各樣的誘惑很多，要引導孩子去學習更是難上加難，即使你要孩子學習的是一個技能，還不是去學什麼數學、英文等等。

我家老二現在還在念幼兒園，明明在幼兒園基本上都是在玩，居然還會時不時的嚷嚷他不想要上學。當然，這個不想要上學，並不表示他不想學習，而是對學校的一些環節感到厭煩，所以才會說不想要上學。

不過，因為現在太多事物要競爭孩子的注意力了，我們不太可能用上一代說服我們的方式，來說服孩子去學習。我想很多人小時候都聽爸爸媽媽說過「要好好讀書，以後才會有前途」。這個說法，你如果拿來跟自己的孩子說，恐怕會被孩子笑呢！

不同類型的動機

有的孩子喜歡火車，只要看到火車，就會想要了解跟這列火車有關係的所有事情。這樣的情況就是孩子有所謂的**內在動機**，他對於完成某件事情是有熱情的，所以會自己主動想要去做這件事情。

另外會有一些孩子，他可能對於火車並沒有特別的愛好，但是到了火車博物館，為了要完成集點活動換取獎品，會想辦法了解火車相關的知識。這樣的情況就是孩子有所謂的**外在動機**，為了想要獲得一個好處，所以會想要去做這件事情。

還有一些孩子對於某件事情其實是有興趣的，但是如果沒有人推他一把，或是給他一點好處，他就不會主動想要追求。像這樣的情況，孩子就是**有部分的內在動機，但是必須伴隨著一些外在動機**，才會有行為上的轉變。

跳脫內外在動機的框架

不過有學者認為，動機應該不只分為內在動機與外在動機兩種，還有一種介於中間的**成就動機**。有些成就動機往往會被當成內在動機，就像一個孩子自動自發的學習，在沒有任何人給予獎賞的情況下，還是願意去做這件事情，我們就很容易誤以為這是孩子的內在動機，但其實這是孩子的成就動機。

而在一些情況下，孩子可能有高的成就動機，但是並沒有內在動機，例如一個孩子在沒有外在獎懲的狀況下，明明不喜歡數學，但還是願意花時間學習數學，就是如此。如果我們把所有沒有外在獎懲的狀況都視為內在動機，那麼就不合適了。因為光是內在動機與成就動機的高低就有四種不同的組合，也意味著我們應該要用四種不同的腳本，分別和這些孩子互動：

#面對內在動機與成就動機都高的孩子

你該做的是引導他有個遠大的夢想，讓他多接觸一些名人的故事，也可以適時提供一些協助，讓孩子在築夢過程中能減少一些阻礙。

#面對高內在動機、低成就動機的孩子

若你要鼓勵他學習，要著墨在讓他更喜歡這件事情，而不是強調把這件事情做好是多麼棒的事。

#面對低內在動機、高成就動機的孩子

若你要鼓勵他學習，就要強調把這件事情做好是很棒的一件事情，不用花太多心力在改善孩子對於這件事情的喜好。

#面對內在動機與成就動機都低的孩子

你可以考慮先用外在動機，並且考量孩子的特質，逐步引導孩子學習。

其實不僅內在動機和成就動機容易搞混，很多時候成就動機和外在動機也容易交融在一起。像是對於一個自我要求高的孩子，你又使用獎勵來激勵他有更好的表現，那到底是成就動機還是外在動機造成的效果呢？

因此，面對這樣複雜的情況，爸爸媽媽們也不用糾結，自己是不是只能誘發孩子的某項動機，而不應該誘發其他的動機。我們養育孩子不是在做嚴謹的研究，也不是在做軍備競賽，所以**該多考量孩子的狀態，盡可能多管齊下，讓孩子能夠在最合適的環境下成長。**

專家都說外在動機不好，真的嗎？

談到提升外在動機，我們很容易想到利用孩子喜歡的玩具或食物當作獎勵，來影響孩子做某些事情的動機。

但是，有很多育兒文章都會告誡父母，「外在動機是惡魔，千萬不要使用，否則會降低孩子的內在動機，而且如果外在動機消失了，孩子就會喪失動機。」這個說法是對的嗎？其實這裡面包含好幾個議題，接下來我帶大家一一拆解。

到底該不該用外在動機？

在回答這個問題之前，我想各位要想清楚，到底你使用外在動機的目的是什麼？因為目的不同，答案可能也會不一樣。

#鼓勵孩子做原本不想做的事

多數時候我們使用外在動機，一般都是希望孩子做一些他原本不想做的事情。而針對這些孩子不想做的事情，你可以放心引發孩子的外在動機，因為研究發現：有外在動機，是能有效改善行為的。

#引導孩子做原本就喜歡做的事

但是，如果你想要用外在動機來引導孩子做一件他原本就喜歡做的事情，那麼就不建議了。在一九七一年就有研究發現，如果你**用外在動機鼓勵人們做一件他原本就喜歡**

做的事情，當這個外在動機消失的時候，人們會想做這件事情的動機反而會下降。這個研究的結論，也是不少專家會反對外在動機的原因。

外在動機消失後，孩子就不會想做那件事情嗎？

簡單來說，外在動機對人們行為的影響，就是仰賴操作制約的原理，也就是透過給予獎勵的方式，來提高做某個行為的動機。

而過去針對操作制約的研究就屢屢發現，當獎勵消失之後，那個特定的行為還是會發生，只是如果獎勵一直沒有出現，被制約的行為才會完全消失。也就是說，外在動機消失之後，孩子就不會繼續做那個被制約的行為了。

#養成孩子做某件事情的習慣

如果你可以利用外在動機，讓孩子把做某件特定的事情變成習慣，你就不需要擔心外在動機存在與否這件事情了。

人要形成一個新的習慣不容易，但是習慣一旦養成了，要改變這個習慣也不容易。就像有些人會說，只要持續做一件事情二十一天，做這件事情就會變成你的習慣，也是有一番道理的。很多業者提供的一個月免費試用，其實就是利用這樣的道理，透過「免費」這個外在動機讓人養成習慣，進而產生動機想要去使用他們的產品。

#降低孩子做某件事情的頻率

但是，如果你是用一個獎賞來降低孩子做某件事情的頻率，那麼又是另外一回事了。在這個情形下，你提供的獎賞更像是賄賂，運作的機制又和獎賞是不同的。

在賄賂的情境下，一旦沒有好處，行為又會再度出現。所以，我並不建議爸爸媽媽用交換條件的方式，來降低孩子做不好行為的頻率。例如，你不應該跟孩子說「如果你不打弟弟，就可以得到一個小禮物」，或是「如果你沒有被老師打小報告，我就帶你去遊樂園玩」之類的。

該用什麼樣的獎賞來誘發外在動機？

物質的獎賞是最不推薦的，但因為孩子對於摸得到的東西比較有感覺，所以物質的獎賞通常效果會比較好。但是，物質獎賞的壞處真的太多了，孩子可能會因此養成太過於勢利眼的性格，也可能會對某些東西產生迷戀的感覺。

有不少人會拿糖果、巧克力等食物做為獎賞，除了前面說的一些不好的影響，對孩子的健康飲食也是一大風險因子。因為當你用這類不健康的東西當成獎賞，孩子很容易會覺得這些東西是好的，那麼他要多吃好的東西，結果健康的食物都不吃，反而吃進了一些高糖、高油、高熱量的東西。

比較適合的獎賞是口頭的肯定，或是一些不能具體價格化的東西，但要注意這個獎賞是孩子會喜歡的東西，否則就不會有效果了。你也可用集點換禮物的方式當作獎賞，例如幫忙做家事可獲得一點，集五點就可以換到去遊樂園的機會一次，如果集了二十點，可以換到全家一起過夜旅遊一次，這種做法除了可以強化孩子的外在動機之外，對於孩子也是決策判斷、自我控制很好的訓練。

該怎麼激起孩子的內在動機？

前面提到所謂的內在動機，指的是孩子因為喜歡某件事情而願意去做它。因此，如果你希望孩子喜歡上學習某一項技能或是學科，就要想辦法讓他們對這項技能或學科產生興趣。

連結獎賞和行為

要做到讓孩子對某項學習感興趣，一開始可以用一些獎賞，讓孩子喜歡上這件事情，甚至扭轉對這件事情的喜好。如果你要利用獎賞來改善內在動機，記得要**讓兩件事情接連發生**，否則孩子很難把獎賞和行為連結在一起，就不會有效果了。套用這樣的做法時，你不必然要先告知孩子會有獎賞，否則就和使用外在動機沒有差別。你是要讓孩子主動把獎賞和行為連結在一起，也就是利用所謂的古典制約模式。

讓學習變成有趣的事

除此之外，你也可以想辦法讓這件事情本身變得是吸引人的，也會提升孩子的喜好。例如有些家長為了讓孩子學習英文，會讓他們去上一些英文桌遊班或是英文繪本、唱遊班，都是想要用孩子本來就比較感興趣的學習方式，來提升他們對於英文的內在學習動機。這樣的做法雖然不錯，但也有一個風險，就是孩子可能會本末倒置，把焦點放在遊戲、玩樂上，而不是在你希望他學習的英文。

善用孩子的模仿習性

你也可以善用孩子愛模仿的習性，不論是拿自己當被模仿的對象，或是讓孩子看一部電影或卡通，用裡面的角色做為模仿對象。這個做法雖然間接，但往往會發揮蠻大的影響力。

像是有不少孩子都莫名的跟爸爸媽媽有同樣喜好。比如我家孩子因為常常看爸爸做飯，對於烹飪這件事情很感興趣，這就是一個成功的例子。不過也有失敗的例子，兩個孩子都沒有因為爸爸喜歡上米飛，而對於米飛有好感，只有老二為了討好爸爸的時候會說：「米飛好可愛喔！」

接受每個孩子都有其極限

我想每一位爸爸媽媽都希望孩子能夠充滿學習熱誠，對於所有的事情都感興趣。但如果孩子對每一件事情都感興趣，你可能又會有別的困擾，比如擔心孩子是不是都能夠兼顧，以及孩子是不是會太累等等。

不過大概只有極少數的孩子，對於所有的事情都感興趣，而且願意投入時間、精力去探索。像這一類的孩子，有可能在各個方面都有很卓越的表現，而且未來的發展也相當好。

但是，多數的孩子都不會是如此的。有的孩子就是沒有成就動機，對於他不想做的事情，你就算給了再誘人的獎賞，他可能都興趣缺缺；有的孩子則是能力有限，你也看得出來他盡力了，但是畢竟先天上就有所不足，所以還是沒辦法有好的表現。

我們必須要知道，自己的孩子在什麼樣的位置，面對哪些事情，我們可以多做一些要求；對於哪些事情，我們可能就要稍微放手，因為額外的要求，不僅事倍功半，還會破壞親子關係。

有些爸爸媽媽會有一個悖論，認為孩子就是要被要求的，沒有不能被要求的孩子。這些爸爸媽媽會認為，連不如人類的猴子都可以被訓練騎腳踏車了，自己怎麼可能沒辦法要求孩子做到某些事情。我相信透過制約的方式，你覺得可以把孩子調教到某一個水準，但是可能要付出很多的代價，像是親子關係緊張、孩子半途而廢等等。

與其幫孩子設定與自身能力不符合的期待，我們更應該根據孩子的狀態，幫自己和孩子做心理調適。若你知道自己的孩子肢體協調不大好，在體能活動方面過得去就好，不必刻意要求他一定要找到適合自己的運動，然後在這項運動上發光發熱。你要知道，**每個人的時間、精力都是有限的，與其投注太多在自己不擅長的事物上，還不如把同樣的時間和精力，花在自己擅長且有興趣的事物上面。**

心理學家爸爸之單元小任務

和孩子一起討論他對於做不同事情的動機。

【是非題】

（ ）1外在動機是不好的，所以絕對不能用外在動機來鼓勵孩子。

（ ）2孩子自我要求高，凡事都想做到盡善盡美，只因為他有強力的內在動機。

（ ）3只要多管齊下，都有機會提升孩子做某一件事情的動機。

（※討論表單、答案與說明請見附錄三〇九頁）

第九章

幫孩子培養一些好習慣，讓他們受用一輩子

前一章介紹外在動機時，我提到了一些外在動機會透過習慣的養成，來對於學習造成影響。習慣對人的影響是深遠的，而且在習慣養成後，幾乎是在毫不費力的狀況下，也會對人造成影響。所以，若孩子能夠養成一些有助於學習的好習慣，對他們來說是終身受用的。

那麼，哪些是有助於學習的好習慣？

(1)保持主動學習的心
(2)串聯知識點
(3)事前預習，事後複習

保持主動學習的心

針對學習這件事情，最重要的就是保有一顆主動學習的心，不論是在校園或是已離開校園。而要讓自己可以持續主動學習，必須**要時時保持一顆好奇心，不論是對於熟悉或陌生的事物，都有想要一探究竟的念頭**。

孩子出生的時候，都是充滿好奇心的，但是這樣的好奇心太浪費能量了，所以隨著孩子年紀的增長，胡亂探索的行為本來就會減少。另外，父母與孩子的負面互動，也會讓孩子逐漸喪失好奇心，比如孩子在家裡亂翻東西，你就把他抱離現場，會讓他覺得自己做這事情是你不喜歡的，以後他就會降低翻東西的頻率。

如果你不希望孩子越大越沒有好奇心，教養關鍵就在於：**開心**和**耐心**。

開放的心，不囿於成見

所謂的開心，是要有一顆開放的心，不要對於事情有太多的既定印象，而且期待孩子跟你要有同樣的想法。舉個例子來說，請先想像以下對話：

「爸，我今天想要去公園玩。」

「不行，明天還要上課，我們不能去公園玩。」

「可是現在還這麼早，我作業都寫完了，我們只要早點回來就可以啦。」

「不行，說不行就不行，你不知道大人上班很累嗎？」

「反正你去公園也可以滑手機放鬆，只是陪我們去而已，拜託啦。」

很多時候大人強硬的規定，根本都是自己懶惰，或是不想要冒險，所以就隨便呼攏孩子。但如果你太常用這樣的方式和孩子互動，孩子就會越來越無聊。這意思不是說孩子自己會覺得無聊，而是他會變成一個很乖、不調皮的無聊孩子。

這些孩子或許不會完全不學習，但是大概也只會完成你所規定要學習的事物，其他時候休息都來不及了，才不會想要進一步去做什麼探索。如果大家有看過新版的《小王子》（*The Little Prince*）動畫電影，相信對於片中那位小女孩一定印象深刻，她的母親就是從小幫她規劃好了非常縝密的成功攻略，不論是學科，或是才藝的學習，都經過一番規劃，為的就是要讓她可以如預期的進入名校、有好的成就。

耐心是教養必修課

至於第二個心——耐心，大家應該比較不陌生，但是要做一位有耐心的父母，也真的不是容易的事情。

在我們家，我對於孩子的提問，總是盡可能認真回應，但是有時候實在很累，或是孩子一直重複問同樣的問題，確實還是會有點惱火。這時我就會先跟孩子舉白旗，爭取一些緩衝的時間，不要把自己當下的負面情緒發洩到孩子身上。

有時候我還會有另一種做法，就是有點呼攏式的說「對、嗯」，這樣的做法有些時候會成功，但還是有風險，因為孩子可能之後會舉證說：「爸爸，你上次明明說世界上還有活的恐龍，怎麼現在又說沒有了呢？」這時我才驚覺，原來自己在「嗯嗯、對對」之間，讓孩子留下了一些錯誤的印象。

前面談到的這兩個心，爸爸媽媽的角色都是比較被動的，但我們也可以主動出擊，來提升孩子的好奇心。例如你可以多問孩子「為什麼」，但要記得在問的時候，專心聽他們的回答。有時候孩子其實有回答，但是你沒有聽到，你要求孩子再講一次，他可能就覺得不耐煩，而不願意說了。

另外，你也可以設一些局，請孩子協助解決一個困難，不過演技要好一點，不然孩子沒幾次就識破，會覺得你根本就是裝的。為了避免穿幫，可以故意做一些事情影響孩子，然後問他：「我們現在要怎麼解決這件事情呢？」你也不要急著給答案，請孩子想一些做法，然後你們一起去嘗試，看看哪一個才是最好的答案。

串聯知識點

孩子在學習的時候，很容易只見樹不見林，自我局限。例如，覺得某個詞彙只有一種意義，除非老師告訴他們，否則孩子不願意相信這個詞彙有不同的意義。在學科學習這件事情上，學校老師扮演的角色真的非常重要，因為多數孩子都把老師的話當作是聖旨，不像爸爸媽媽講的話，都是左耳進右耳出。

但是即便如此，我們還是要想辦法**幫孩子串聯知識點，讓他們知道某一個能力，不是只有在特定的領域才有用**。就拿認識數字為例，有些孩子很堅持數字只有用在數學，在其他地方都沒有用。你要想辦法讓孩子知道，數字在不同地方會有不同的用意，以具象的方式來教孩子：

- 上餐廳時，讓孩子看到桌上有數字標示的桌號，是用來讓服務生方便上菜的。
- 體重計或是磅秤上面的數字，代表的是重量。

- 溫度計上的數字，代表的是溫度。
- 電梯裡面看到的數字，代表的是樓層。
- 帳單上的數字，代表的是金額。

你也可以提醒孩子，有些數字和課本上的數字是同樣的用法，像是帳單上的數字，所以他也可以幫忙算算看要付多少錢。

相較於數學，語言的學習，更是需要知識點的串聯。

中文字博大精深，如果認定每個字詞都只有一個解釋，那就太可惜了。【文字接龍】對孩子來說就是很好的訓練，一開始從比較寬鬆的規則玩起，只要兩個詞之間，有一個字的音相同，音調不同也可以。像是「書包」之後，可以接上「報紙」，因為「包」和「報」的音是一樣的。

孩子比較熟悉之後，你可以規定一定要音調也相同才算數。更進階的玩法，就是要和前一個詞的最後一個字音調相同的字才可以接，像是「可樂」之後接上「垃圾」，但是不能接「口渴」或是「快樂」。

知識點的串聯也不是僅限於單一的領域，而是可以結合不同領域的，這對孩子來說會更受用。明朝程大位著作的《算法統宗》就結合了古文的理解和數學運算，讓孩子同時間做兩種訓練，非常有意思。你可以鼓勵孩子，仿照程大位的做法，出一些類似的謎題讓爸爸媽媽回答。比如《算法統宗》裡面有這樣一道題目：

> 趙嫂自言快績麻，李宅張家雇了她。
> 李宅六斤十二兩，二斤四兩是張家。
> 共織七十二尺布，二人分布鬧喧嘩。
> 借問卿中能算士，如何分得布無差。

白話翻譯就是：趙嫂自稱是織布快手，李姓、張姓兩戶人家都雇用了她，李家提供了六斤十二兩（16×6＋12＝108兩）的材料，而張家則是提供二斤四兩（16×2＋4＝36兩）的材料。後來趙嫂共織了七十二尺布，兩戶人家為了怎麼分布吵了起來。請問要怎麼分才公平呢？

要解這道題目，必須先算出兩戶人家提供原料比例上的差異，就會發現是三比一。

所以七十二尺布，要分給李家五十四尺、張家十八尺，才是公平的。

系統性的幫孩子串聯知識點

要系統性幫孩子串聯知識點最好的方法，就是給孩子一個要完成的任務，然後幫孩子分析，要完成這個任務，必須完成哪些步驟。比方說，我們可以問孩子：「如果要幫唐朝大美女楊貴妃規劃一個飲食方案，讓她可以有標準的體態，該怎麼做呢？」

要完成這個任務，孩子就需要知道：

(1)楊貴妃是誰
(2)楊貴妃的身高體重
(3)何謂標準的體態
(4)若在唐朝那個年代，有哪些料理的選擇
(5)怎麼樣算是健康的飲食

除了分別找到答案之外，孩子還需要彙整這些知識，才能夠提出好的方案。爸爸媽媽可以**找一些孩子可能會感興趣的主題，讓他們透過找答案的過程，練習把知識點串聯起來，不要落入思考僵化的困境。**

其實習慣本身，和學習的關係是密不可分的。甚至可以說「每一種學習，都是大腦神經元之間連結的習慣養成」，也就是學習這些神經元在遇到某一個特定的事物時，都會共同有反應。

事前預習，事後複習

說到「事前預習，事後複習」，實在有點陳腔濫調了，但你是怎麼幫孩子預習以及複習的呢？

如果你幫孩子做的預習和複習，是課前先帶孩子看過一次課本，課後再讓他做測驗卷，那麼你只做對了一半。本質上，你只是讓孩子重複學習同樣的素材，雖然這樣的做法對孩子把這些知識保留在長期記憶也是有幫助的，但並沒有收到預習、複習該發揮的作用。

怎麼做才是好的預習？

好的預習是，讓孩子知道這個新學習的知識，和哪些他已經學過的知識是有關聯性的。就像是學習英文，已經學過數字二十幾的英文單字之後，在要學習三十幾、四十幾的英文單字時，就可以讓孩子知道，後半部其實是相同的，只要前面加上不同的開頭就可以了。

當然你可以用比較活潑的方式，像是說故事或是玩遊戲的做法來開場，讓孩子不會覺得是在預習，反而感覺像是在玩，效果會更好。

怎麼做才是好的複習？

同理，**好的複習是，讓孩子要想辦法把新的知識，和既有的知識產生關聯性。**以英文數字學習為例，孩子可以利用的一個知識點，就是英文字有時候是有規律性的組合文字，例如三十二就是三十加上二。還有，要描述捕魚的人，就是魚加上人；售貨員就是賣東西加上人……。這樣的舉例或許扯得比較遠一些，但其實就是要和既有的知識系統產生越多關聯性越好。用白話來說，就是要能融會貫通，舉一反三，而不是只能夠把新學的知識，完整不缺的複誦出來。

最後我要強調的是，**預習和複習是適用在所有事物的學習上，不是只有在學科學習的時候才需要**。讓孩子養成預習、複習的習慣，他們在學習新知識的時候，必定會更事半功倍。

心理學家爸爸之單元小任務

1 幫孩子的學習習慣做健檢。

2 針對三個學習習慣的養成，跟孩子討論實踐的方案。

（※學習健檢及討論表單請見附錄三一〇、三一一頁）

第十章

管好自己的情緒，學習更高效

越來越多孩子有厭學的狀況，這除了跟他們的動機低落有關係之外，和他們的情緒也有關係。孩子對於他們想要做的事情，除了有高的動機之外，想到要做這件事，或是在做這件事情的時候，情緒都是比較正面的。但如果是他們不想要做的事情，光是想到要做，連開始都還沒開始，就會讓他們愁容滿面。有些孩子的狀態更嚴重，會有焦慮、憂鬱的狀況，大部分的資源都放在處理自己的情緒上，沒有太多剩餘的資源可以投入學習，所以通常學習成效也很差。

讓孩子開心學習就足夠了嗎？

雖然厭學的孩子，因為不開心，學習成效不好。但這並不表示，孩子在越快樂、越享受的情況下，學習會有最好的效果。這其實需要取決於孩子本身的激發程度（arousal level）。

用白話一點來解釋「激發程度」，就是一個人到底有沒有活力，起不起勁。孩子有可能在快樂的情緒下，但是激發程度是低的，也就是比較恬適滿足的狀態；也有可能在快樂的情緒下，且激發程度是高的，也就是很嗨的狀態。太低或是太高的激發程度，對於學習都是不好的，要是居中的激發程度，才能讓孩子有最好的學習成效。

而所謂居中的激發程度，聽起來有點抽象，實際上沒那麼困難，爸爸媽媽只要確保孩子不是在太亢奮的狀況下，然後也不是哭喪著一張臉在做事情，就可以算是居中的激發程度。

雖然孩子對於很想學會的東西，通常伴隨著開心的情緒（像我家老大很喜歡扯鈴，總是滿心期盼週五下午扯鈴課的到來），但是這並不表示孩子開心的時候，就會有比較強的學習動機。孩子有可能只是很開心，但是這個開心和學習是沒有關係的，像是你讓一個開心的孩子學習一個他不喜歡的才藝，那個開心的情緒馬上就會轉變為不開心的情緒。你當然可以想辦法讓孩子一直都維持在開心的情緒，他有可能就願意多堅持學習一段時間，可是這樣的做法太沒有效率了。

情緒與學習成效

正向、負向的情緒狀態，會讓人處在不同的思考模式下，而同一個思考模式在不同的學習上各有優劣。

一般來說，正向情緒會引發比較**發散的思考模式**，而這類思考模式比較適合需要創造力、天馬行空的學習範疇，像是藝術創作，就比較仰賴發散性的思考模式。相對的，負向情緒則會引發比較**分析式的思考模式**，這類的思考模式效率或許比較差，但是會做比較縝密的分析，所以適合需要處理細節的學習。

如果大家有看動畫電影《腦筋急轉彎》（*Inside Out*），應該記得片中代表悲傷情緒的憂憂，就因為處在負向情緒，所以把說明書完整讀完了，帶大家找到出路，就跟人在負向情緒下的思考模式有關係。當然，電影裡也描述了憂憂的思考是比較僵化的，不知道要去變通，這也是因為處在負向情緒下，伴隨而來的產物。

要促進學習，絕對不是只要讓孩子開心就好，真的要看孩子要學習的是什麼。一些仰賴反覆練習的學習，像是體育項目等，仰賴高度純熟的技巧，所以在負向情緒下也會有比較好的學習成效。或許這就是為什麼體育教練常常一開始都是擺臭臉，就是要讓孩子在有點緊張、有點焦慮的狀況下，才會聚精會神的學習。

我曾經帶我家老二去體驗兒童足球，但是可能沒有做好心理建設，他覺得教練太兇了，才體驗十分鐘就哭著要回家。所以，**每種情緒固然有適合學習的領域，但還是需要考量孩子的個別差異，才能善用情緒來提升孩子的學習成效。**

打造愉悅的學習體驗

雖然說孩子開心，不一定就學得好，但是愉悅的學習體驗，至少開啟了學習的契機，讓孩子有可能想要繼續去學習。所以，家長和老師要想辦法營造一個愉悅的學習環境，不只是軟體的，還有硬體的，對於孩子學習都有不可抹滅的效果。至於要如何營造愉悅的學習環境，可參考以下四點法則：

#法則❶ 讓孩子覺得這件事和他有關係

孩子很多時候不一定是不想要學習，而是他不知道為什麼要學習，或是覺得自己已經學會了。因此，要打造一個愉悅的學習環境，最重要的就是讓孩子覺得學習和他自己是有關係的，而不是為了爸爸媽媽而學習。

一些教學經驗豐富的老師，會用帶動唱或是互動式提問的做法，引發孩子對學習的渴望。一旦孩子覺得這件事情和他有關係，心態是完全不同的，即使遇上了困難，也會比較願意接受挑戰，而不是選擇放棄。

#法則❷ 循序漸進的學習

要讓孩子喜歡學習的過程，絕對不是揠苗助長或是佛系放養，你必須**要讓孩子在有一點挑戰性的環節下學習，他們才會有最好的學習成效**。無論是學習學科知識或是才藝都是如此。你可以先稍微了解孩子的程度，再開始導入合適的學習素材，不要偷懶的採用別人制式化的指標，否則可能會扼殺孩子的學習動機。

#法則❸ 安排學以致用的場合

雖然有點現實，但是如果可以安排讓孩子得以學以致用的場合，會讓整個學習體驗很有成就感，孩子也會非常滿足。當然，也要留意不要讓孩子過度自我膨脹，覺得自己什麼都會了，只是這中間的界線需要審慎拿捏。

像我就會鼓勵孩子，但一方面也會讓孩子知道，他可以參與的是哪一個環節，其他的環節可以之後再學習。只是孩子通常會自己填補空缺，明明是大家一起做的餅乾，他可能只負責了一個小部分，就會說這是他做的餅乾。我覺得孩子會這樣表達，不一定是浮誇、想要表現，而是他們不知道要怎麼解釋自己做的部分，就乾脆說都是他做的，比較容易表達。

#法則❹ 善用群體的力量

很多時候，孩子學習是為了可以跟同儕一起上課、有共同的話題。那麼，你就該善用這些機會，讓孩子在團體活動中學習，不僅可降低學習的焦慮和無力感，還能夠提升孩子人際互動的能力。所以跟同班同學一起參加課外活動，其實是很不錯的做法，也可以促進爸爸媽媽間的交流，對孩子是好處多多的。

如何協助孩子管好自己的情緒

這個主題要分為兩個部分來談，一個部分是情緒和學習有直接的關係，另一個部分是情緒和學習沒有直接的關係。

學習本身讓孩子有情緒

首先，如果孩子的情緒是直接和學習有關係，就要找出引發孩子有情緒的原因是什麼，有可能是老師太兇、同儕的影響，或是他真的對於要學習的內容不感興趣。

要記得仔細聆聽孩子的說法，即使你不完全認同，也沒有必要當面跟孩子起衝突。若孩子的原因包含一些人的因素，可以鼓勵他去跟這些人溝通，或是請孩子授權你去做溝通。有的時候，孩子感受到的，和實際發生的狀況可能不一樣，爸爸媽媽若在未了解清楚前就去責難其他人，那麼就不太妥當了。

一旦確認原因之後，你可以跟孩子一起討論可能的解決方法。像是孩子覺得要背琴譜太難了，他實在背不起來，你可以請孩子用看譜的，然後多練習，就不需要把譜背下來，而是仰賴自動化的方式來記下曲調。爸爸媽媽要記得追蹤孩子的進展，因為你們討論出來的解決方法有可能沒有用，或是引發了別的問題，必須持續跟上進度，才知道讓孩子有情緒的狀況是否已經排除了。

情緒不是由學習所造成的

有些孩子的情緒不是直接由學習所造成，例如可能孩子因為外表被同學霸凌，或是因家人的病痛而處於情緒狀態下。面對這樣的狀況，爸爸媽媽可以引導孩子認識情緒是怎麼來的，並且協助孩子學習控制情緒。

很多時候，孩子會處在情緒的狀態而不自知，在那樣的狀況下，他們反而會更容易被情緒所影響。所以我們要做的不是喊口號，叫孩子不要再哭了，或是不要再焦慮了，而是要帶孩子去感受自己的狀態。你可以跟孩子說：

「媽媽現在覺得你有點傷心，因為媽媽感覺到你的笑容不見了，你的身體不太有力氣。跟媽媽一起來找找看，這個傷心在哪裡，我們請它回家好不好？」

我在這章前面有提到，不同的情緒對於學習有不同的影響，所以家長和老師在引導孩子面對情緒的時候，應該採取的做法是提醒孩子情緒過於強烈對自己是不好的，但不用強調一定要讓自己開心。只要孩子不是在過於強烈的情緒狀態下，大腦的運作基本上不會受到太大的阻礙，就不需要太擔心。

心理學家爸爸之單元小任務

1 與孩子回顧他不同學習經驗的情緒，並討論原因。

2 思考面對學習困境要如何改善。

（※討論表單請見附錄三一一、三一二頁）

第十一章

有好的生活習慣，是學習最棒的養分

以前的人為了讓孩子能夠好好念書，有好的成績，在大考前會幫孩子以腦補腦，也會讓孩子整天都坐在書桌前看書，甚至有可能全家人說話都要輕聲細語，避免打擾考生的情緒。現在回頭看看這些做法，或許有些好笑，但到底哪些是無稽之談，哪些又是真的有助於學習的呢？

飲食對學習的影響

美國疾病管制中心（Centers for Disease Control and Prevention, CDC，簡稱美國疾管局）的網站疾呼飲食對於學習的重要性，因為有不少證據顯示，**沒有吃足夠的食物會導致學習成效低落**。這一點或許大家有點難想像，但是不論在美國或是在臺灣，都有一些孩子是吃不飽的，不少孩子只有營養午餐可以吃，有些甚至會打包剩下的營養午餐當成晚餐來吃。

除了吃不夠會影響學習之外，**沒吃早餐對孩子在學校的學習也有顯著的影響**，包括警覺程度、注意力或是處理複雜的視覺訊息，以及問題解決方面，都已經被證實會有不好的影響。在美國有一些地區提倡「鐘響後的早餐」（Breakfast After the Bell），讓家中無法提供早餐的孩子，不用特別提早到學校，而是在一般時間抵達學校之後，還可以吃方便食用的早餐。這樣的方案也被證實會改善孩子的學習成效。

不僅少吃會影響學習，如果**飲食中缺乏蔬菜、水果、奶製品，也都和學業成就低落有關聯性**。另外，也有針對學前孩童的研究發現，高纖、高蛋白的早餐會提升孩子的飲食品質。雖然孩子一開始可能會抗拒這樣的飲食，但是他們適應得很快，所以除了餵飽孩子之外，爸爸媽媽應該思考怎麼讓他們可以吃得好，並且讓吃進去的能量維持得比較久，讓孩子不會因為肚子餓而影響到學習。

孩子該多吃什麼嗎？

簡單來說，**均衡飲食**就是最好的做法。雖然有研究證實，會影響大腦運作的營養素

（如鋅、碘、維生素B，還有維生素E等），假設有攝取不足的狀況，會導致認知功能運作不佳，但是只要掌握均衡飲食的原則，就不需要特別擔心孩子會有營養素攝取不足的問題。

不少爸爸媽媽求好心切，可能還是想幫孩子補充一些健康食品，其中魚油就是很多家長會幫孩子補充的營養素。但事實上，魚油對孩子最有影響力的時間點，是當他還在娘胎，大腦正在發育的時期。出生後，魚油的攝取對於孩子認知方面的影響，並沒有太穩定的支持證據，也就是說吃魚油不會讓孩子變聰明，還有可能吃進太多重金屬。

該怎麼培養好的飲食習慣

把吃當作一件重要的事情，就是最好的飲食習慣。現在不少孩子會挑食，邊看手機邊吃飯，都是很不好的習慣。爸爸媽媽應該從孩子小的時候，就開始幫他培養好的飲食習慣：均衡飲食與良好的用餐禮儀。

你也可以透過自己種菜來提升孩子對健康飲食的意識。美國哈佛大學教育學院的研究就發現，如果學校有個菜園，對於孩子的健康、幸福感都有幫助，且最重要的是會鼓勵孩子選擇有營養的食物。只要家裡有陽台這樣的小空間，你就可以建構一個小菜園，讓孩子能吃到自己種的蔬菜。通常孩子對於自己經手的蔬菜，接受度非常高，能夠有效改善孩子不吃蔬菜的習慣。

而在鼓勵健康飲食之外，也要杜絕孩子不健康的飲食習慣。有一個爸爸媽媽常會用的做法：用垃圾食物當作孩子的獎賞，就是不該使用的方法，因為這樣的做法，不僅強化了孩子對於垃圾食物的渴望，也間接鼓勵他們吃不健康的食物。

運動對學習的影響

相信大家都聽過「四肢發達，頭腦簡單」這個說法，想當初我讀書的時候，也覺得班上運動很好的男生，學習成績好像都沒有很好。但是學了專業知識以後才發現，根本不是如此，或不應該是如此的。人的身體與心智是緊密結合的，所以身體越好的人，心智發展其實是越好的。只是我們一直以來都誤認為只要會讀書拿到好成績就好。

現在很多證據都發現，身體狀態和腦功能之間是高度相關的，例如在老年人身上，研究證據發現走路越慢的老年人，得阿茲海默症（失智症中最普遍的一種）的機率越高。也有證據發現，中高強度的有氧活動，能夠幫助孩子集中注意力，提升學業水準。

二〇〇三年，美國芝加哥有位中學體育老師就做了這樣一個教學實驗，他提倡在每天正式上課前讓學生上體育課。一開始大家都議論紛紛，質疑孩子運動後還能專心上課嗎？運動這件事情，不是課後才參與的活動嗎？結果這個嘗試的效果異常的好，孩子們在運動後，上課更能夠專注，學業表現也變好。當然，前提是孩子運動之後可以洗澡，否則全身黏黏的，對於學習也是有不好的影響。

除了在上課前運動之外，英國和荷蘭都有教學改革，讓孩子一邊運動一邊學習學科知識。以英國BBC（British Broadcasting Corporation）的Super Movers為例子，他們根據不同的課程，製作了很多不同的影片，老師可以直接播放影片或用片中示範的方式來引導孩子。在英國十七所參與這個方案的小學中，有超過一千名的孩子參與，其中百分之七十七的學校有發現孩子大腦運作能力以及學習成效的提升。

雖然荷蘭的研究同樣發現邊運動邊學習的好處，但他們發現這樣的做法對數學的學業成就有比較明顯的影響，對於語言學習的影響則比較小。他們認為因為語言學習涉及的腦部運作和運動的重疊性比較低，所以會有這樣的差異性。不過，這些把運動與學科學習結合的嘗試都仍在啟蒙階段，還需要更多的證據，才能確認這樣的方式對於學科學習是利多於弊。

對學齡前的孩子來說，運動更是非常重要，因為感官與動作的腦部區域是比較早發育的，透過運動能夠刺激大腦的發育。另外，**運動也能夠促進大腦與肌肉間的協調，讓孩子養成健康的生活習慣**，這些對孩子都會發揮長期的影響力。

要做多少運動，哪些運動才夠呢？

衛生福利部國民健康署在二〇一八年編製的《全民身體活動指引》中，針對兒童身體活動的建議如下：

#有氧適能

建議每天進行，要選擇中等費力以上的活動，其中每週至少三天為費力強度，並且每天要至少累積六十分鐘。所謂的中等費力活動，像是遠足、溜直排輪、騎自行車和走路上學都算；費力強度的活動則包含追逐遊戲、跳繩、打籃球、游泳等，但每次至少需持續十分鐘以上。

#肌力強化

建議每天六十分鐘的身體活動中，應包含每週至少三次的肌力強化活動，強度以低負荷（可反覆十至十五次）提升肌耐力為主，像是在學校或公園的兒童遊戲器材上進行攀爬、擺盪，或是做膝蓋著地的伏地挺身、仰臥起坐，以及使用彈力繩或彈力帶、啞鈴等器材。

#骨骼強化

建議每天六十分鐘的身體活動中，應包含每週至少三次的骨骼強化活動，選擇以負荷自身體重衝擊為主的活動，像是快跑、跳繩，以及含跳躍的遊戲或球類運動。

另外，世界衛生組織（World Health Organization, WHO）則針對不同年齡的兒童提出比較細緻的建議：

#針對一歲以下的嬰兒

每天要用多次多種方式來進行身體活動，最好包含三十分鐘的俯臥位伸展。

#針對一至二歲的兒童

每天的身體活動至少要有一八〇分鐘，包括中等到劇烈強度（會讓體溫上升且有一點快要喘不過氣來的強度）的運動。最好是全天分布，多則更好。

#針對三至四歲的兒童

每天的身體活動至少要有一八〇分鐘，包括至少六十分鐘中等到劇烈強度的運動。最好是全天分布，多則更好。

要特別說明的是，在對運動的研究中，包括前面那個美國體育老師的例子，用到的都是中等到高等強度的運動方案。而我們日常生活中的「運動」，比如說走路散步，其實是達不到應該有的運動強度，所以自然也達不到運動應該有的效果。

我在這一節只是強調運動和大腦發育之間的聯繫，具體怎麼做，仍需要爸爸媽媽根據孩子的興趣來進行嘗試。無論如何，有一點要注意的是，**小朋友的心肺功能和骨骼都還沒有發育成熟，不適合持續進行高強度和高難度的運動**。各位爸爸媽媽在選擇活動的時候，一定要小心謹慎，注意安全。

冥想對學習的影響

冥想在過去二十多年來非常的紅，很多研究都證實冥想有助於大腦的運作，不論是運作的效能，或是在比較感性的面向上，都有一定程度的幫助。冥想之所以會有這麼大的幫助，有以下兩個原因：

第一、**冥想鼓勵我們要心無雜念**，這就訓練了我們的大腦。因為我們需要去抑制其他的干擾，提升專注力。

第二、**冥想鼓勵我們要去體驗當下的感受**，這樣的經驗讓外界的刺激更容易影響腦部的活動，進而產生新的連結。

你或許會覺得冥想不適合孩子參與，但國外有基金會已經在一些幼兒園推廣冥想的活動，雖然孩子沒辦法一次進行太長時間的冥想，但是他們絕對是可以參與的。例如，你可以鼓勵五歲孩子進行三分鐘的冥想訓練。**參與冥想對孩子的影響相當顯著，無論是在注意力、情緒控制等方面，都可以看到冥想的好處。**

具體要怎麼做呢？其實**訓練呼吸**就算是一種初級形式的冥想了。

我以前引導兒子去學青蛙呼吸時，就跟他說：

「你不是會蛙式嗎？你學的就是青蛙游泳。現在我們來學青蛙呼吸，牠的呼吸也很厲害。」然後我就在一邊示範，告訴他吸氣的時候肚子脹起來，呼氣的時候肚子癟下去，這樣呼吸就會像青蛙一樣，然後同時發出「呱呱呱」的聲音。

我們平時習慣用胸腔呼吸，而這種呼吸方式採用腹式呼吸，和平時的呼吸習慣不一樣，所以需要注意力來幫忙。

為了讓這個訓練更有趣，你和孩子還可以**數呼吸**，躺下來看誰能連續呼吸到十下，中間要是有人忘了的話，就要從頭數起。數呼吸的時候，把手放在孩子肚子上，他也把手放在你肚子上，像這樣互相監督，孩子在過程中就訓練到了注意力。等孩子能夠順利完成以後，還可以增加到二十下、三十下，或者增加時長，從五分鐘逐步加到十分鐘。相信我，孩子會很喜歡玩的。

睡眠對學習的影響

如同前幾節提到的飲食、運動和冥想，睡眠對於學習的影響也常常被低估了。事實上，研究發現睡眠對於孩子的影響比成年人還要大，我們真的要讓孩子睡好睡飽。

想到睡眠對於學習的影響，我們很直覺會覺得關鍵在於「沒有睡飽就不能好好學習」。而這點固然是很重大的影響，但是睡眠對學習更重要的影響，在於把學習到的知識固化（consolidation），只有固化的知識才能夠長期保存。很多研究都發現了，如果學習之後沒有睡覺，學習的成效幾乎是不存在的。也就是說，熬夜讀書的話，根本只得到了分數，而沒有得到知識。

有一個針對三歲孩子的研究，想要了解睡眠對於孩子語言學習的影響，讓他們聽一個故事之後，有些孩子睡了午覺，有些則是保持清醒。結果那些聽完故事就睡午覺的孩子，在幾個測試的時間點（兩個半小時後、一天後，以及七天後），對於故事當中的語文素材，都有比較好的學習成效，同樣說明了睡眠對於知識固化有關鍵性的影響。

要睡多久才夠？

睡眠與學習記憶的關係如此密切，那麼應該要睡多久才夠呢？這個問題，可以參考世界衛生組織針對五歲以下孩子所提出的睡眠建議：

剛出生至三個月大的嬰兒，每天要有十四至十七小時高品質的睡眠。
四至十一個月大的嬰兒，每天要有十二至十六小時高品質的睡眠。
一至二歲的孩子，每天要有十一至十四小時高品質的睡眠。
三至四歲的孩子，每天要有十至十三小時高品質的睡眠。

針對五歲以上的孩子，各方的建議大致上是認為一天至少要睡九小時，若是能夠睡到十二個小時是最好的。英國國家健康服務（National Health Service）建議五歲的孩子一天應該睡十一個小時，隨著年紀，每增加一歲，建議的睡眠可以減少十五分鐘。即使針對青少年，他們也建議至少要睡滿九個小時！

心理學家爸爸之單元小任務

1 跟孩子一起養成好的生活習慣，彼此打分數，看誰一週後獲得比較多的星。

2 思考以下A、B、C三種狀況要如何改善？

A 不愛吃正餐，只愛吃高糖、高鹽的零食

B 不愛運動，連走路都懶得走

C 晚睡晚起

（※分數記錄表單請見附錄三一二頁）

第十二章

培養學習力是一生的事

多數的人對於學習會有錯誤的刻板印象，總以為學習只有在學校才會發生，學習一定要有一位老師教、一位學生學……，也因為有這些刻板印象，我們會覺得只有學科的學習才是學習，不需要考試、跟入學或找工作沒有關係的，就是不需要去學習的。

但是這些都是錯的，即便是在遊戲中，孩子還是能夠學到很多事情。而且我們的環境一直在改變，如果沒有時時跟上改變的步伐，很快就會被淘汰。所以，我們要給予孩子的能力，絕對不是怎麼在一些學科上獲得好成績，而是要讓孩子擁有好的學習能力，在人生漫漫的旅程中，能夠從容地面對大大小小的挑戰。

不過，人畢竟不是獨處的，除了在個人層面提升孩子的學習力之外，如果能借助外在的人事物，給予孩子更多學習的能量，學習的成效也會更好。在最後這章，我就概括一下，對於孩子來說，什麼是他們學習過程中重要的人和物。

影響學習力的人

在孩子學習的過程中，老師固然是很重要的角色，但其實老師跟孩子相處的時間，比家長少得多。所以，家長才是影響孩子學習最重要的人，而且不只局限在學科學習上，非學科的學習也是如此，只是我們往往忽略了。另外，跟孩子一起學習的同儕，很多時候主宰了孩子的學習動機，也是不容忽視。

爸爸媽媽對孩子的影響最深

身為父母都要有這個覺悟，我們是孩子學習過程中最重要的人，不能因為自己學歷不高，不會教孩子，就覺得孩子的學習跟你沒有關係。因為，學習不僅僅是學科學習而已，更何況，你對孩子學習的態度、幫孩子選擇的學習方式，都會影響孩子的學習。

・孩子總是在模仿你們・

對於孩子學習力最有影響的人，不是別人，就是爸爸媽媽。除非長時間沒有辦法陪伴孩子，否則父母對孩子的影響絕對是最大的。因為孩子時時刻刻都在觀察你的言行舉止，並且傾向於模仿你的行為，這個行為模式是寫在我們基因裡的。人類的孩子，相較於其他靈長類動物，有更高的傾向會盲目模仿成年個體的行為。

如果我們希望孩子有好的學習力，就必須要「謹言慎行」，因為孩子會模仿大人的任何行為，即使這個行為是完全沒有意義的。

舉個例子，因為我的工作性質需要長時間使用電腦，偶爾因為工作太多，在家中也需要坐在電腦前工作。老二有時候就會煞有介事的說「我要工作」，然後自己坐在電腦螢幕前，做敲打鍵盤的動作，真是非常好笑。有時候我的工作是要看了影片後寫些東西，孩子看到就會有點不理解，抱怨說：「爸爸你騙人，為什麼我們看影片，你都會說不能看太久，自己卻看了那麼久，還說是在工作。真的是在工作嗎？」

我相信其他家長也會有不少這樣的經驗，孩子模仿了你沒有特別教他做的事情，如果是好的事情，還沒什麼問題，就怕孩子學了一些不好的，那就麻煩了。

而孩子除了學習我們做的事情之外，我們面對事情的態度，也會對孩子有深遠的影響。如果你自己本身是一個做事只有三分鐘熱度、遇到困難就退縮的人，你真的很難說服孩子，做事情不可以輕易放棄。孩子小的時候，或許還無法用口語表達出來，但並不表示他沒有辦法察覺。

爸爸媽媽如果能身體力行，不僅可以讓孩子模仿，也可以在鼓勵孩子的時候舉例，跟他說：「你想想上次爸爸是不是為了要打開罐子，用了很多種不同的方法，最後才終於打開了。所以，你現在如果沒辦法用你想到方式解決問題，可以試試看別的做法，不要都沒有嘗試就說自己做不到。」

家長的信念也有極大的影響力

爸爸媽媽對孩子的影響，除了透過自己的言行舉止之外，對於學習的態度，也會深刻地影響孩子。例如，有些家長認為某個能力是孩子需要具備的，就會堅持孩子一定要獲得這個能力。像是很多會彈鋼琴的爸爸媽媽，就認為孩子一定要學會彈鋼琴，即使孩子一開始可能不願意。

這件事情我認為很難評估對或錯，但不可否認的是，父母的態度絕對會對孩子造成影響。很多孩子都是在成年之後，才驚覺當年爸爸媽媽的堅持，對於自己是有正面的影響。不過，我必須提醒，並不是所有爸爸媽媽認為對的事情，就一定是對的。

也因為家長對學習的態度，之於孩子的學習有極關鍵性的影響，你絕對值得花一點時間好好想想，你希望孩子接受什麼樣的教育，以及可以用哪些方式讓孩子學習。雖然一開始有點難，但是如果你一直都沒有做，就會越來越難實現你自己的理想。

我和太太對孩子的期待，就是一些基本的能力要學會，考試分數不用追逐要達到滿分，但是不能錯在粗心，該讓自己的能力完整展現。這是我們為孩子設定的目標，你可能會幫孩子設定別的目標，都很好。但是要記得，學習畢竟是孩子的事情，目標的設定要對孩子是真正有意義的，而不是為了成就你過去沒有達成的夢想。

另外，**在為孩子設定目標時，要記得考慮孩子的特質**。每個人都希望孩子有很好的成就，但是好的成就，不該只有單一標準，越能針對孩子的專長幫他設定目標，孩子就越能夠如魚得水，同時比較容易有好的表現。

老師對孩子的影響

有時候老師對孩子的影響，甚至比爸爸媽媽的影響更大，因為孩子更願意去聽老師要他們做的事情。這實在是很弔詭。但不僅在我們身上，在周遭的朋友身上，大家都會發現，老師交代的事情，孩子一定會照辦，但是對爸爸媽媽交代的事，就是會討價還價，最後還是不甘願的去做了。在這樣的狀況下，老師對孩子的影響，還真的不是可以隨便忽略的。

這一點我有非常深刻的感受。我家老大在小學一二年級的老師，是一位非常願意同理孩子的老師，她會依據孩子的發育狀態，幫孩子設定不同的學習目標，各方面也都盡其所能的以鼓勵為原則。因為老師的態度，讓孩子都願意稍微離開舒適圈，挑戰一些自己過去不一定會做的事情。不過到了三年級，重新分班後換了一位老師，態度就相對傳統、保守，很直接地跟家長說會加強孩子的語文、數學能力。雖然這也是不錯，但孩子在學校學習的，不該只是學科能力，而是全方位的學習。老師可能也安排了一些活動，但是和先前的老師相比，實在少太多了，孩子也少了很多機會去思考，現在的學科知識和他的生活會有怎麼樣的連結。

不過，多數時候我們沒有辦法選擇老師，只能盡可能選擇教學理念和自己接近的學校。其他我們能夠為孩子做的事情，就是多了解老師的教學理念，並且勤於和老師交流、溝通，不要只是聽了孩子的論述，就跑去指責老師。那麼，你就會不小心成為所謂的直升機爸媽了。

不要忽略同伴對於孩子的影響

雖然爸爸媽媽和老師是影響孩子學習很重要的因素，但還有一個很容易被忽略的，就是同伴對於孩子的影響。

孩子會被動地接受父母和老師的影響，但是對於同伴的影響，多數時候孩子是有主控權的，因為他可以選擇要不要受到同伴影響。像是同學們都在玩某款電子遊戲或是玩具，你家孩子如果想要獲得他人的認可，融入集體或是某一個小團體，就會想要得到同樣的東西。

孩子的言行反映家庭教養態度

我家兩個孩子的切身體驗也告訴我，同伴的影響真的很大。老大曾經念過兩個不同的幼兒園，他自己很明顯感受到兩個幼兒園的同學有很大的差異。他在第二個幼兒園的時候尤其不開心，因為他覺得他的同學們都太吵了，比較缺乏紀律。

在校園裡，孩子之間的交往中，他們的一言一行都反映著不同家庭的教養態度，孩子都會把這些東西帶到學校。如果老師沒有妥善引導，就會讓不好的影響在環境中快速蔓延。像是有些家庭比較放任，孩子可能就比較為所欲為，會帶一些不該帶的東西到學校，例如電子遊戲機，然後一下課就在一邊玩。孩子一般對這樣的東西也感興趣，就都會被吸引了。這個事情，還可能會發展成這個有遊戲機的孩子，可以規定誰能玩、誰不能玩，演變到最後有點荒唐。

了解霸凌，向言語暴力說「不」

同伴影響另一個比較嚴重的，就是霸凌的行為。

校園霸凌也稱為校園暴力，可大致分為言語暴力和肢體上的霸凌。其中，言語上的暴力最容易被爸爸媽媽忽略。比較輕微的言語暴力可能是給別人取小名，嚴重些的可能是侮辱或故意排擠。言語暴力可以說是「殺人於無形」，很可能會給孩子造成嚴重的心理創傷。我們沒有辦法控制別人家的孩子，但是我們可以教育自己的孩子，如果遭到霸凌時可以有哪些做法：

#不要輕易回應霸凌者

你要讓孩子知道，不要輕易地回應霸凌者。因為當霸凌者看到你做出他期待的反應，例如驚嚇、流淚，或者發脾氣，他就會更加想要去欺負你。

#被欺負要盡早求援

你也要提醒孩子，被欺負了一定要早點告訴爸爸媽媽，讓爸爸媽媽幫忙處理。在平常的生活中，可以用繪本跟孩子溝通有關「暴力」的概念，讓孩子上學後不要受到霸凌，也不要成為霸凌者。比如《手不是用來打人的》（*Hands Are Not for Hitting*）、《牙齒不是用來咬人的》（*Hands Are Not for Biting*）都是很好用的繪本。

如果家中孩子已經上學了，也可以搜尋相關影片給孩子看。有部電影《奇蹟男孩》（*Wonder*）就很適合播放給上小學的孩子看。劇中主角是一個有面部缺陷的男孩，他一開始一直很抗拒用自己真實的面貌來面對別人，因為他不希望別人嘲笑他。這是一個讓孩子認識言語暴力很好的素材，可以幫助孩子從別人的角度來思考。而且最終的結局也很積極正面，是一部非常適合小朋友看的電影。

影響學習力的物

除了人會對孩子的學習造成影響之外，「物」對於孩子的學習力也有很大的影響，所謂的物，包含軟硬體，像是居家環境、選擇上什麼樣的課外班，都算是物。

學習環境的影響

很早期的心理學家用老鼠做研究，就發現了當老鼠在豐富的環境中成長，相較於在匱乏的環境成長，老鼠大腦的發育有明顯的差異。雖然現在多數家庭的環境，都不至於到匱乏的地步，但是爸爸媽媽可能還不是很清楚什麼是「豐富」的學習環境，很容易往錯的方向努力。所以我先來解釋一下如何營造這樣一個豐富的環境：

‧環境的多元性‧

首先，「豐富」的意思並不是盡量多買玩具給孩子。每個孩子雖然有不同的性格和興趣愛好，但孩子都是很好奇而且愛探索的。**如果孩子活動的環境比較單一、沒有變化，對於孩子自由探索和發展興趣來說並不太好**。

這裡所提到的活動環境，並不僅僅指家裡的環境，也包括學校、孩子最常去玩的地方等等。

幼兒園其實就是一個多元的環境，現在幼兒園大致都會**規劃幾個不同的學習空間，讓孩子可以做不同類型的探索**。像在老二的幼兒園裡，就有不同的玩耍區域，比如有一個「益智角」，是讓孩子玩一些訓練邏輯思維的小玩具和遊戲；有一個「藝術創作角」，是讓孩子畫畫和做手工；一個「閱讀角」，是讓孩子閱讀繪本的空間；一個「積木角」，主要是讓孩子玩積木。幼兒園每隔一段時間就會對所有活動做一些調整，讓孩子時刻保持興趣。

要營造多元的環境，並沒有想像中的困難，前面提到的幾個空間，其實在家裡布置起來並不難，材料也不難找。重點反而是要怎麼**引導孩子去做嘗試**。

我知道有些孩子就只喜歡玩小車車，對於其他的事情都不感興趣，至少一開始是不感興趣的。所以爸爸媽媽就要善用孩子的喜好，設計活動引導他做些別的事情，例如針對喜歡玩車子的孩子，就可以準備一些跟車子有關係的繪本，或者請孩子做一些跟車子有關的手工。

另外，在和孩子玩Part2介紹的遊戲時，也可以把道具替換成玩具車，讓孩子除了用傳統方法玩玩具車，還能用來鍛鍊其他能力。比方說第七章【破壞大王拆拆樂】這個遊戲，就可以把道具換成閒置的玩具汽車。如果爸爸媽媽的動手能力強，不妨和孩子一起拆拆拼拼，鍛鍊他解決問題的能力。

像我家的老二也很喜歡車子，我們除了會用以上的做法之外，也會逐步引導他去接觸別的東西，當然一開始還是會跟車子有關，然後慢慢的就和車子越來越沒有關係了。**很多時候孩子會有很固執的想法，是因為自己會有點害怕，不願意去嘗試，只要多鼓勵孩子，他們會很願意跨出那一步的。**

我家的老大就是一個比較謹慎、不願嘗試新事物的孩子，常常我們問他要不要做什麼事情，他都會先說不要。如果你的孩子也跟我家老大一樣，請爸爸媽媽先不要因為他拒絕而生氣。

像我和太太都會先接納老大的情緒，讓他知道我們理解他的心情，然後鼓勵他去試試看，和他說「每次嘗試都會是一次學習，都會讓你更厲害」。其實多數時候，在老大實際做過後，他都會樂在其中。所以之後我們也都會用這些正面的例子來鼓勵他：「你看你上次說不要去參加這個活動，但是後來是不是發現超好玩的，那麼現在這個活動跟那個很像，你要不要去試試看！」

越早讓孩子去做不同類型的體驗，他就越有機會形成開放的態度，也會願意去嘗試各式各樣不同的事物。孩子涉獵的範圍越廣，對他們來說也是好的，畢竟現在社會變化那麼快，願意嘗試新事物的人會很有優勢。再加上從小培養出來的好棒棒「學習力」，孩子將來怎麼可能會發展不好呢？

・環境的適切性・

一個好的環境除了要多元之外，也需要是適合孩子大腦發育水準的，這也就是為什麼一些遊戲要有年齡限制，或是建議這款遊戲（或玩具）適合幾歲到幾歲的孩子使用。那麼一般要怎麼判斷環境的適切性呢？其實**軟硬體對孩子有一點點挑戰性，就會是最適合的難易度**，因為不至於讓他們感到無聊，也不會讓他們一下就放棄了。

我的兩個孩子差了四歲，對這件事情就會相當困擾，因為一個環境要讓哥哥覺得好玩，弟弟就會覺得太困難了；但是如果要讓環境對弟弟是友善的，對哥哥來說就會太無聊。所以，有的時候是我帶其中一個孩子，由太太帶另一個孩子去玩，這樣兩個孩子都能夠在最適合自己的環境中玩耍。

另外，針對同一個遊戲，我也會設置不同的難度，讓大家都可以一起玩。這樣的做法，對小小孩來說，特別有意義，他們會有滿滿的成就感，因為自己在跟著比較年長的兄弟姊妹或是成年人一起玩。雖然孩子一開始可能還需要一些輔助，但他們學習得非常快，很快就不需要輔助了。

就像幾個月前，老二很喜歡跟我們玩UNO。這是一個類似撲克牌的遊戲，有不同顏色、數字的卡，還有一些功能卡，不知道大家有沒有玩過？像這種規則比較簡單的棋牌類遊戲，就很適合全家一起玩。當我們在玩的時候，一開始老二還需要人幫他看牌，決定他要出哪張牌，漸漸的他就可以自己玩，甚至還會用一些策略讓自己更有機會贏！

輔助工具的使用

輔助學習的工具，對於孩子的學習也有很大的影響。我講一個很極端的例子，如果一個孩子是全盲的，那他要怎麼去感受圖表呢？過去我們系上有一些全盲的本科生，我對這件事情就很苦惱，但後來發現只要用不同的材質來做圖，讓他們用摸的，他們也能夠感受到圖表的內容。這就是一個輔助工具提升學習的範例。

我相信各位家中應該也有很多這樣的東西，只是到底工具好不好，恐怕就很難說了。我常常教大家用生活中的物品或是撲克牌來玩遊戲，最主要是想提醒各位爸爸媽媽：**輔助工具重要的是活動的設計，而不僅僅是東西本身；對孩子來說，與生活結合或是遊戲的方式，才是最有效的學習。**

如果你真的想要為孩子找一個電子輔助工具，我認為平板電腦會是最好的選擇，因為它的螢幕比手機大，又可以使用很多的App。現在市面上有非常多好的學習類App，也有一些線上學習平台，都是可以在平板電腦上使用的。

但是，如果要讓孩子開始使用平板，一定要跟孩子制定很清楚的規範，包括可以用平板來做哪些事情，以及可以使用多久等等。最好的做法，就是孩子拿平板做為學習輔助工具時，爸爸媽媽可以在旁邊陪他一起使用，這樣是最理想的。因為有爸媽的陪伴，孩子才不會對平板有太強的依賴，同時家長可以根據孩子的狀況，適時的給予指引，畢竟這些工具多數是固定的，沒辦法依據孩子的狀態做彈性調整。

我的做法是會把平板的使用放在最後一個環節，也就是其他工具都已經熟練之後，才使用平板上的應用程式來強化孩子的動機。像是之前讓老大學習寫程式設計，就是從桌遊開始玩起，確認他知道怎麼玩了以後，才用App繼續學習。不可否認的是，App操作的成效是很吸引人的，但是如果在一開始就使用，反而容易讓學習變了味，所以不建議從App先下手。

幫孩子打造專屬的學習方案

讓孩子樂在學習是必然的趨勢，在這一節我要告訴大家的是，你可以怎麼設計學習方案，讓孩子能夠在玩樂中學習。所以，首先要設定的就是一個終極的目標，例如要做一道料理，或是要循線索去找到一個寶藏。假設我們現在設定的目標是回家要做一個蛋糕，關卡可以是要求孩子找到相關的食材，你和孩子在超市買食材的時候，就可以玩很多花樣。

・學習方案設計：做一個蛋糕・

如果今天要製作的是草莓蛋糕，需要用到食材有草莓、麵粉、蛋、牛奶。在買草莓的關卡中，我們可以設置和感官能力有關係的，準備草莓圖片，讓孩子找出特定的某一款草莓。孩子在找的過程中，除了運用**感官能力**之外，也訓練到**注意力轉移的能力**。

走到蛋品區買蛋時，你就可以引導孩子說說看，雞蛋、鴨蛋、鵪鶉蛋有什麼樣的不同，包括形狀、大小、顏色、蛋殼上的花紋等等。

當然，如果孩子比較小的話，你就在家跟他玩這個遊戲（其實就是玩進階版的【扮家家酒】啦），所有食材都可以用圖片代替。像這樣玩的話，還可以有更多花樣，而且不用擔心破壞東西，比如弄破雞蛋。在家玩的時候，進行到買蛋的環節，我們可以準備一個【記憶翻卡】的遊戲，也就是圖案配對的遊戲。

#記憶翻卡

首先在卡片上畫出不同樣子的蛋，每個形狀畫兩張卡片。例如：兩張有條紋的蛋、兩張有花斑的蛋、兩張白色的蛋。如果孩子願意一起畫，就讓他畫一張，你畫一張，然後把卡片圖案朝下打亂，排成二至三列放在桌上。

接下來請孩子同時翻開兩張卡片。如果兩張卡片圖案相同，就可以把卡片收起來，繼續翻；同時翻起的兩張卡片圖案不同，則把卡片翻回去，並保持位置不變，繼續遊戲。等到所有卡片都成功翻開以後，遊戲就結束。

如果是單人模式的話，爸爸媽媽可以先為孩子做示範，之後再請孩子來挑戰。這個遊戲也可以多人一起參與。玩法都是一樣的，只是規則變成和孩子輪流翻卡片，卡片圖案相同，玩家就可以翻開並收走兩張卡片。全部卡片拿完後，再數數看誰獲得的卡片數量最多。

#我愛喝牛奶

在買牛奶的關卡，你可以跟孩子玩一個跟衝突排解能力有關的遊戲。玩法很簡單，當你說你要喝牛奶的時候，孩子就要說他要喝果汁；但是如果你說你要喝果汁，孩子就要說他要喝牛奶。看看誰先出錯就輸了。

如果孩子比較大一點，還可以改變規則，提高難度，也給孩子增加挑戰。比如規定只有在指令前加上「媽媽說」的時候，孩子才可以重複你的話。所以當你說「媽媽說要喝牛奶」的時候，孩子才能說「我要喝牛奶」。

其實想好一個主題，然後規劃一下自己希望訓練孩子哪個方面的能力，花點創意，就能夠跟孩子玩上好一陣子了。每次帶孩子闖關成功，成功採買完所有食材，等回到家以後，我就會帶著孩子一起做蛋糕，他們每次都會超級開心！

心理學家爸爸之單元小任務

跟孩子討論學校上課內容有哪些部分可以更好，並記錄孩子的回答。如果孩子還太小，不能理解題目，請爸爸媽媽找機會跟老師討論，或簡要記錄自己的看法。

【多選題】關於培養孩子學習能力的說法，下列哪些不恰當？

A 使用電子產品對培養孩子的學習能力沒有益處。

B 孩子拿平板當作學習工具的時候，家長可以在旁邊陪伴孩子一起使用。

C 對於孩子學習能力最有影響的人就是爸爸媽媽。

D 在製作蛋糕的過程中，可以鍛鍊到孩子好幾種學習力。

E 營造多元的環境，就是要求爸爸媽媽要多帶孩子出去玩。

（※記錄表單和答案請見附錄三一三頁）

〔寫在最後〕

對於學習的六個建議

除了前面提到的內容之外，我還想提供大家一些綜合性的建議，乍看這些建議可能都有些反事實，但仔細了解，你就會發現我為什麼會給這樣的建議了。

第一個：多考試

是的，我沒有講錯，要多考試。但是這個**考試的內容，必須是考察一個人有沒有把知識讀懂了，而不是靠著死背就能夠達成的**。

這是一個美國知名心理學家做的研究，他們發現，如果學習是有搭配考試來檢核成效，最後的學業成就會有大幅度的提升。雖然表面上和國內的做法沒什麼差異，但是關鍵就在於考試是怎麼考的。

舉例來說，如果要考察孩子是不是記得中國各個朝代的演進，一般就是請孩子把朝代照正確的順序排好。這樣的考察方式就是很糟糕的，因為孩子只要死記就好。那麼，應該怎麼考？我們可以針對一個有意義的技術，問孩子這個技術是怎麼演進的呢？因為每個技術有對應的朝代，透過這樣的方式，就可以考察孩子對於中國朝代的演進是不是有所理解。

就像我在家裡要知道孩子有沒有學會字怎麼寫，以及該怎麼使用，我一定不會用聽考的方式，因為這樣的方式太無聊了，而且不能保證孩子真的知道這個字的用途。所以這時候我們就會玩【造詞】的遊戲，然後孩子需要把我們講的詞都寫出來。過程中，我就會故意講出他剛學會的新詞，透過這樣的方式，了解他是不是真的懂了。**把考試跟遊戲闖關結合，對孩子來說是非常有效的，因為他們會覺得自己在玩一個遊戲，而不是在考試，會比較有動機，也會有比較好的表現。**

同樣的，一間公司如果要考察員工學習新技術的成效，用選擇題、是非題，也是很糟糕的做法，因為要正確回答這些問題，只要被動的吸取知識就能夠達成了。但是，被動的吸取知識，不等同於員工真的了解這樣的知識。所以，最好的做法是給員工一個情境，請員工運用新學習到的技能來解決這個問題。

第二個：寧願懶惰也不要勤快

其實應該要說**寧願懶惰的精準學習，也不要勤快的盲目學習**。

我來分享一個研究的成果，這個研究是一個記憶有關聯性的研究，在第一個階段，人們會看到一連串的類別詞彙，像是水果、動物等等；第二個階段中，他們必須回想某些類別的部分詞彙；進行到第三個階段，他們必須回想全部學習過的詞彙。那麼我要問問大家，你覺得哪一種詞彙的記憶表現會是最差的？

⑴第二階段中，有回想的類別中的詞彙
⑵第二階段中，有回想的類別但是沒有被回想到的詞彙
⑶第二階段中，沒有回想到的類別詞彙

我要告訴大家，正確答案是第二個。

用白話解釋這個結果就是，如果你要為了考試做複習，假如沒有時間全部複習，還不如不要複習，否則效果會更差。也就是說，**要有好的學習成效，要用對的方法，否則**

不僅浪費時間，還可能會有反效果。

不過，我要提醒大家一點，這並不是鼓勵拿學霸的筆記或是別人的心智圖來學習，因為那些畢竟是別人的思路，不是你的。你如果沒有把別人的思路和自己的揉在一起，那麼恐怕也是一個事倍功半的過程。所以，**可以拿別人整理後的資訊來做參考，但一定要花一點時間內化這些內容，才能真的懶惰又學得好。**

在孩子身上，這件事情特別容易執行，因為孩子基本上是一張白紙，我們可以很有效率地把建構好的知識體系直接交給孩子，讓他們孰悉之後，就能很快速地學會很多新的知識。但是，這個知識體系的建構，必須考量孩子的大腦發育，要提供適切複雜程度的，對孩子才是真正有幫助。

第三個：善用潛意識

我要談的不是跟佛洛伊德在談的什麼口腔期之類的有關係，而是我們要怎麼**善用自動思維**。人類的行為，有很大一部分都不是在十足意識的狀態下完成的，像是一位開了十年計程車的司機，你覺得他在停車的時候，還要算到底方向盤該打幾下嗎？他甚至可以快速變換車道，只因為他眼角可能瞥見有一個物體朝自己飛過來。

我再說一個大家也會很有感覺的例子：某天你跟朋友聊天的時候談到了某一本書，你很想要推薦給他，但是你卻把書名忘記了。即使你沒有刻意去想，過了幾個小時、幾天之後的某一刻，這個書名突然浮現在你的腦海。我們的大腦就是這麼的神奇，在我們沒有完全集中注意力時，也幫我們處理很多的事情。

那麼要怎麼把自動思維套用在學習上呢？

習慣成自然，這絕對是一個可以採用的做法。當一個行為非常熟練之後，要執行這個行為，基本上就是非常自動化的。

不過，我要告訴大家一個更有意思的方式：**將有關聯性的知識點連結在一起，然後讓自己反覆接觸這樣的連結**。像是你要記下水果和它所含的營養成分是什麼，就可以把水果畫下來，然後分成幾個區塊，在每個區塊寫上水果當中的營養成分。久而久之，這些營養成分就會在你想到水果的時候突然冒出來了。

有一個教小朋友英語的卡通就是利用類似做法，他們用英文單字的字母組合成那個單字所代表的東西，像「蘋果」就是用「apple」組合而成，這也是希望讓孩子在學習的過程中，不知不覺把字母記下來。還有一些圖像記憶術，也是利用同樣做法，就是**讓知**

識點產生關聯性，就能夠彼此互相提攜。

另外一個應該要做的事情，就是**讓自己知識體系是有系統的，有意識的幫新的知識點做分類，就像把檔案歸檔在不同的資料夾。**一旦習慣了這樣的分類方式，以後在提取資訊的時候，就會很自動化的運用同樣的思路，可以快速找到自己需要的資訊。

孩子一般不太會進行分類，所以爸爸媽媽要刻意幫他們做分類，把知識點的關係建立起來。像是我要教孩子背數字的英文單字時，就會引導他去思考這當中的關係，例如十幾的數字都是 teen 結尾。如果你可以做到，孩子看到 teen 就想到這跟十幾有關係，那麼你就非常成功了！

第四個：玩弄感情

所謂的玩弄感情，就是要**善用情感，幫學習加分。**

人在不同的情緒狀態，思考模式是不大一樣的。當心情是很正面的時候，會比較仰賴自動思維，思緒比較發散；心情比較負面的時候，雖然表現有些欠缺活力，但是善於分析。所以，看那天要完成的學習，是仰賴自動思維多一些，還是分析思維多一些，就該讓自己進入那樣的情緒當中。

有些朋友可能立刻聯想到所謂的莫札特效應，是吧？首先我要說這個論調並不可靠，再來我要告訴你，只要接觸了自己喜歡的事物，你接下來的大腦就會比較高效，跟莫札特的音樂並沒有特別大的關係。

以我自己來說，我有不同的工作清單，如果是要批改學生的作業，就需要多一些快節奏、讓人振奮的音樂，避免自己看到寫得差的作業，會容易動怒。如果是要專心的時候，我就會聽一些熟悉的、節奏比較平緩的音樂，因為這會讓我在一個平靜的狀態，可以高效完成很多工作。

除了正面、負面情緒的控制之外，我們也可以透過壓力來改善學習的效率。壓力這個東西，太多不好、太少也不好，所以**面對孩子的學習，絕對不是用百依百順的策略，而是要給予適當的壓力**，這樣反而會有最好的效果。同樣的，如果發現孩子面對某件事情的學習時，已經壓力爆棚了，那麼你就不該繼續逼他，而是要先處理好他的情緒，再繼續學習。

在華人的世界，我們往往忽略了這些感性因素對於人們的影響，而這是非常可惜的。好好玩弄情感，絕對大有可為。像是現在越來越多結合遊戲的教學也是如此，讓孩子在比較愉悅的狀態下，不知不覺學習新的知識。雖然表面上效率比較差，但只要有妥善的規劃，孩子可以學得又快又好。

第五個：把自己當成一個失憶的人

你可能會覺得我瘋了，學習和記憶有這麼緊密的關係，而我居然說這是一個可以提升學習的方法。

事實不然，你想想看，如果你是一個失憶的人，你會做什麼？你會想盡所有辦法讓自己可以記住重要的事情，所以會**篩選哪些是重要的資訊**，**採用一些輔助性的工具幫助記憶**。這兩件事情，對於學習來說都是很核心的。

在資訊爆炸的現在，我們有嚴重的知識匱乏焦慮，擔心自己不夠有能力。但是，一個人基本上不可能知道所有的事情，所以應該要慎選，針對一些重要的知識點做深入探討，而不是全部事情都要搞懂。在電影《我想念我自己》（*Still Alice*）中，女主角是一位罹患早發性阿茲海默症的大學教授，她為了怕自己忘掉重要的事情，就把這些事情都用工具記下來，並且有空就做練習。各位比電影中的主角幸運很多，因為她的記憶是快速在退化的，練習也沒有用；你們多練習是有用的，但也不表示你就該浪費自己的資源，還是應該做一些選擇。

至於使用輔助工具這件事情，我的態度是這樣的，如果有些比較制式的資訊，有值得信賴的工具可以使用，我就應該要使用，因為這樣空出來的資源，就可以拿去做其他的事情。

舉例來說，就像一個老闆，雖然能力很強，若是把全部的事情都攬在身上，他就沒有辦法開拓新的機會，而且自己會很累。如果他把事情託付給適任的員工，就有時間和精力可以去做別的事情，對整個公司其實是好的。

那麼問題就來了，到底什麼東西可以託付給輔助工具呢？我認為是一些過於瑣碎的知識點，比方說數學運算公式，只要在需要的時候，知道在哪邊可以找到這個公式就可以了。但是在我們仰賴工具的同時，自己就需要提升其他方面的能力，例如資訊整合、邏輯思維的能力。

像是有些人習慣用搜尋來找答案，但又怎麼知道找到的答案是值得信賴的呢？這是很多人現在的問題，太容易人云亦云，然後看到很多人都支持這個論點，就相信它是真的，也沒有去思考到底這個論點有沒有問題。這件事情對個人來說不容易，對專業人士來說也困難，因為每個人所接觸到的訊息是有限的，有時候也會因為一些自己的立場，而發表了悖離事實真相的言論。

第六個：勇敢面對自己的不完美

每個人的腦子天生就不一樣，有些人就是特別聰明，只要稍微努力，就可以有很好的學習成效；有些人則是必須非常努力，才能稍微趕上這些學霸。輸贏是一回事，但更重要的是，你要知道，你的人生只有一個你該尊敬的對手，就是你自己。

如果可以越早看到自己的優勢與弱勢，就越有機會能夠不斷超越自己。老天是公平的，若剝奪了你一些能力，就會在別的地方還給你。

舉個例子來說，我太太在小時候學習拼音非常痛苦，一直到小學三年級她才掌握了學習的技巧，學業成就才突飛猛進。但是直到和我交往的時候，我有一次跟她分享我博士班同學的研究，她才驚覺自己可能是有閱讀障礙，因為有閱讀障礙的人，在語音資訊的處理上比較不擅長。她非常懊悔自己沒有早一點知道這件事情，害她當年一直被媽媽罵不認真，連拼音學這麼久都學不會。

那麼這項特質對我太太來說有什麼好處呢？有的，因為比較不擅長語音資訊的處理，導致她在視覺資訊的處理上非常高效，她能夠跟別人擦身而過，就知道是否遇上了自己的朋友。

如果你知道自己的問題是沒有辦法集中注意力太久，就該把任務拆解成小的區塊，每個區塊所需要的時間，大概就是你一次能夠集中注意力的時間。這麼一來，你不需要長時間集中注意力，也能夠如期完成該完成的任務。所以，**關鍵不是你有沒有缺陷，而是怎麼去彌補這些缺陷對你造成的影響。**

對孩子來說，我覺得要判斷他們有哪些學習困難是不容易的，因為你不知道究竟孩子是發育比較慢而已，還是真的有些能力發育異常了。幼兒園一般會幫孩子做發展評估，我建議爸爸媽媽可以參考這個評估報告，並且跟老師多做討論。

而對於開始上學的孩子，若成績沒有特別差，或是在學校有問題行為，一般來說不會去做發展評估。我鼓勵爸爸媽媽可以定期、客觀記錄孩子的表現，例如他們念完一段三百字的文章需要多久，理解程度大概到哪裡，過了一天後，對於內容又有多少程度的理解等等。這做起來真的不容易，所以我也鼓勵爸爸媽媽可以跟孩子的導師保持聯繫，畢竟老師一次面對全班的孩子，比較容易判斷孩子的狀況是不是偏離均值，以及是否突然有所變動。

除了面對自己的不完美之外，或許整個社會也能夠幫忙提供一個更友善的環境。我在英國念書期間有去擔任監考官，有一件事情讓我留下非常深刻的印象。學校是在大禮堂考試的，但是有一些學生在一個小房間考試，因為他們都有特別的需要，有的人是很容易想要上廁所，有的人是有閱讀障礙，有的人則是很容易緊張。針對這些人，學校給予他們不同的考試時間限制，有人甚至可以準備一些參考資料，而這些都是希望能夠讓他們在一個更公平的環境下反映自己的學習成效。

學習是一輩子的事情，除了高效學習之外，更要高興學習。唯有樂在其中，你才會持續學習，並且持續成長。希望這些分享，能夠對大家有一些啟發，讓你知道怎麼幫助孩子，也幫助自己，成為更會學習的一個人。

〔參考文獻〕

陳威男 (2002). 明代算書《算法統宗》內容分析. 臺灣師範大學數學系在職進修碩士班學位論文, 1-143.

謝維玲 (2009). 運動改造大腦：IQ和EQ大進步的關鍵. 臺北市：野人

衛生福利部國民健康署 (2018). 全民身體活動指引

Anderson, M. C., Bjork, E. L., & Bjork, R. A. (2000). Retrieval-induced forgetting: Evidence for a recall-specific mechanism. *Psychonomic Bulletin & Review, 7*(3), 522-530.

Anderson, B. J., Eckburg, P. B., & Relucio, K. I. (2002). Alterations in the thickness of motor cortical subregions after motor-skill learning and exercise. *Learning & Memory, 9*(1), 1-9.

Axelsson, E. L., Williams, S. E., & Horst, J. S. (2016). The effect of sleep on children's word retention and generalization. *Frontiers in Psychology, 7*, 1192.

Baddeley, A. D. (1997). *Human memory: Theory and practice.* Psychology Press

Berns, G. S., Blaine, K., Prietula, M. J., & Pye, B. E. (2013). Short-and long-term effects of a novel on connectivity in the brain. *Brain Connectivity, 3*(6), 590-600.

Biondi, A., Nogueira, H., Dormont, D., Duyme, M., Hasboun, D., Zouaoui, A., ... & Marsault, C. (1998). Are the brains of monozygotic twins similar? A three-dimensional MR study. *American Journal of Neuroradiology, 19*(7), 1361-1367.

Black, M. M. (2003). Micronutrient deficiencies and cognitive functioning. *The Journal of Nutrition, 133*(11), 3927S-3931S.

Bornstein, R. F., & D'agostino, P. R. (1992). Stimulus recognition and the mere exposure effect. *Journal of Personality and*

Social Psychology, 63(4), 545-552.

Brooks, J. O., & Watkins, M. J. (1989). Recognition memory and the mere exposure effect. *Journal of Experimental Psychology: Learning, Memory, and Cognition, 15*(5), 968-976.

Burgdorf, J., & Panksepp, J. (2006). The neurobiology of positive emotions. *Neuroscience & Biobehavioral Reviews, 30*(2), 173-187.

Burton, H. (2003). Visual cortex activity in early and late blind people. *Journal of Neuroscience, 23*(10), 4005-4011.

Cameron, J., & Pierce, W. D. (1994). Reinforcement, reward, and intrinsic motivation: A meta-analysis. *Review of Educational Research, 64*(3), 363-423.

CDC (2019). Healthy Schools Features. https://www.cdc.gov/features/school-lunch-week/index.html Retrieved on Feb 20, 2020.

Chee, M. W., & Chuah, L. Y. (2008). Functional neuroimaging insights into how sleep and sleep deprivation affect memory and cognition. *Current Opinion in Neurology, 21*(4), 417-423.

Chugani, H. T. (1998). A critical period of brain development: studies of cerebral glucose utilization with PET. *Preventive Medicine, 27*(2), 184-188.

DiPietro, J. A. (2000). Baby and the brain: Advances in child development. *Annual Review of Public Health, 21*(1), 455-471.

Domjan, M. (1997). The Principles of Learning and Behavior 4th ed. *Pacific Grove, CA: Brooks-Cole.*

Donovan, J. J., & Radosevich, D. J. (1999). A meta-analytic review of the distribution of practice effect: Now you see it, now you don't. *Journal of Applied Psychology, 84*(5), 795-805.

Filcheck, H. A., & McNeil, C. B. (2004). The use of token economies in preschool classrooms: Practical and philosophical concerns. *Journal of Early and Intensive Behavior Intervention, 1*(1), 94-104.

Gallant, S. N. (2016). Mindfulness meditation practice and executive functioning: Breaking down the benefit. *Consciousness and Cognition, 40*, 116-130.

Garnham, A., & Oakhill, J. (1994). *Thinking and reasoning.* Basil Blackwell.

Glew, G. M., Fan, M. Y., Katon, W., Rivara, F. P., & Kernic, M. A. (2005). Bullying, psychosocial adjustment, and academic performance in elementary school. *Archives of Pediatrics & Adolescent Medicine, 159*(11), 1026-1031.

Gonzalez, C., Best, B., Healy, A. F., Kole, J. A., & Bourne Jr, L. E. (2011). A cognitive modeling account of simultaneous learning and fatigue effects. *Cognitive Systems Research, 12*(1), 19-32.

Gottfried, A. E. (1983). Intrinsic motivation in young children. *Young Children, 39*(1), 64-73.

Greenough, W. T., Black, J. E., & Wallace, C. S. (1987). Experience and brain development. *Child Development, 58*(3), 539-559.

Greenwood, P. M. (2007). Functional plasticity in cognitive aging: review and hypothesis. *Neuropsychology, 21*(6), 657-673.

Gumora, G., & Arsenio, W. F. (2002). Emotionality, emotion regulation, and school performance in middle school children. *Journal of School Psychology, 40*(5), 395-413.

Hebb, D. O. (2005). *The organization of behavior: A neuropsychological theory.* Psychology Press.

Holland, S. K., Vannest, J., Mecoli, M., Jacola, L. M., Tillema, J. M., Karunanayaka, P. R., ... & Byars, A. W. (2007). Functional MRI of language lateralization during development in children. *International Journal of Audiology, 46*(9), 533-551.

Hofstetter, S., Tavor, I., Moryosef, S. T., & Assaf, Y. (2013). Short-term learning induces white matter plasticity in the fornix. *Journal of Neuroscience, 33*(31), 12844-12850.

Kandel, E. R. (2007). *In search of memory: The emergence of a new science of mind.* WW Norton & Company.

Kim, J. J., & Diamond, D. M. (2002). The stressed hippocampus, synaptic plasticity and lost memories. *Nature Reviews Neuroscience, 3*(6), 453-462.

Lash, J. P., & Byers, C. (1980). *Helen and teacher: the story of Helen Keller and Anne Sullivan Macy.* New York: Delacorte Press.

Locke, E. A., & Schattke, K. (2018). Intrinsic and extrinsic motivation: Time for expansion and clarification. *Motivation Science, 5*(4), 277-290.

Major, R. C. (1995). Native and nonnative phonological representations. *IRAL-International Review of Applied Linguistics in Language Teaching, 33*(2), 109-128.

Malecki, C. K., & Elliot, S. N. (2002). Children's social behaviors as predictors of academic achievement: A longitudinal analysis. *School Psychology Quarterly, 17*(1), 1-23.

Miller, D. I., & Halpern, D. F. (2014). The new science of cognitive sex differences. *Trends in Cognitive Sciences, 18*(1), 37-45.

Molfese, D. L., & Segalowitz, S. J. (1988). *Brain Lateralization in children: Developmental implications.* Guilford Press.

National Research Council. (2000). *From neurons to neighborhoods: The science of early childhood development.* National Academies Press.

Pavlov, I. P. (1928). Lectures on conditioned reflexes: Twenty-five years of objective study of the higher nervous activity (behaviour) of animals (W. H. Gantt, Trans.). Liverwright Publishing Corporation.

Pietschnig, J., Voracek, M., & Formann, A. K. (2010). Mozart effect–Shmozart effect: A meta-analysis. *Intelligence, 38*(3), 314-323.

Posner, M. I., & Petersen, S. E. (1990). The attention system of the human brain. *Annual Review of Neuroscience, 13*(1), 25-42.

Rasberry, C. N., Lee, S. M., Robin, L., Laris, B. A., Russell, L. A., Coyle, K. K., & Nihiser, A. J. (2011). The association between school-based physical activity, including physical education, and academic performance: a systematic review of the literature. *Preventive Medicine, 52*, S10-S20.

Rauscher, F. H., Shaw, G. L., & Ky, C. N. (1993). Music and spatial task performance. *Nature, 365*(6447), 611-611.

Roediger III, H. L., Agarwal, P. K., McDaniel, M. A., & McDermott, K. B. (2011). Test-enhanced learning in the classroom: long-term improvements from quizzing. *Journal of Experimental Psychology: Applied, 17*(4), 382-395.

Sabayan, B., & Sorond, F. (2017). Reducing risk of dementia in older age. *JAMA, 317*(19), 2028-2028.

Salamé, P., & Baddeley, A. (1986). Phonological factors in STM: Similarity and the unattended speech effect. *Bulletin of the Psychonomic Society, 24*(4), 263-265.

Sleep Foundation (n/a). Children & Sleep. https://www.sleepfoundation.org/articles/children-and-sleep Retrieved on Feb 20, 2020.

Stickgold, R. (2005). Sleep-dependent memory consolidation. *Nature, 437*(7063), 1272-1278.

Takeuchi, H., Taki, Y., Hashizume, H., Asano, K., Asano, M., Sassa, Y., ... & Kawashima, R. (2015). The impact of television viewing on brain structures: cross-sectional and longitudinal analyses. *Cerebral Cortex, 25*(5), 1188-1197.

The Food Research & Action Center. (2015). School Breakfast After the Bell.

Thompson, R. F. (1990). Neural mechanisms of classical conditioning in mammals. *Philosophical Transactions of the Royal Society of London. Series B: Biological Sciences, 329*(1253), 161-170.

Thompson, B. L., Levitt, P., & Stanwood, G. D. (2009). Prenatal exposure to drugs: effects on brain development and implications for policy and education. *Nature Reviews Neuroscience, 10*(4), 303-312.

Tolman, E. C. (1948). Cognitive maps in rats and men. *Psychological Review, 55*(4), 189-208.

Wilhelm, I., Rose, M., Imhof, K. I., Rasch, B., Büchel, C., & Born, J. (2013). The sleeping child outplays the adult's capacity to convert implicit into explicit knowledge. *Nature Neuroscience, 16*(4), 391-393.

World Health Organization. (2019). *Guidelines on physical activity, sedentary behaviour and sleep for children under 5 years of age.* World Health Organization.

Woolley, K., & Fishbach, A. (2018). It's about time: Earlier rewards increase intrinsic motivation. *Journal of Personality and Social Psychology, 114*(6), 877-890.

〔附錄〕

單元小任務

表單範例、答案與說明

表單的範例僅供各位爸爸媽媽參考，也很鼓勵大家用圖像方式記錄和孩子互動的過程。同時，這份表單也可以用來記錄你自己針對遊戲做了哪些改版，覺得這樣做又能訓練到孩子哪些不同的能力。

答案部分，我盡可能提供詳盡的說明。然而很多現象都可能會有例外，執著答案是哪一個並不重要，重要的是，為什麼你認為那個答案是正確的，背後的原因是否有科學證據支持。

第二章（58頁）

【是非題】

1×（這是沒有根據的說法。）

2×（多數的能力雖然有發育的敏感期，但過了敏感期，還是可以發展到精熟的程度。以外語學習為例，青春期才開始學習，或許在發音上無法那麼標準，但在其他部分都有機會可以精熟。）

3◯（多數的能力會側重於某半邊的腦，但側重的意思，不是說只有那個半腦負責，另一個半腦就完全不參與。）

4×（都是由兩腦共同運作來處理，除非某半邊腦的腦部區域已經受損，或是左右腦聯繫出了問題，才有可能發生。）

5×（最適合的做法是做類似但有些不同的事情，對大腦才是最好的刺激。若總是做一模一樣的事情，大腦會偷懶，反而沒有辦法達到練習的效果。）

第三章（91頁）

請選擇一個知覺力遊戲和孩子進行互動，並參考表單範例填寫及記錄過程。

遊戲名稱	模仿大賽	
孩子對遊戲的理解程度	★★★★☆	
孩子對遊戲的喜好程度	★★★★★	
該怎麼把遊戲和學科學習搭上關係？	可以看到一個字的時候，先描述字的外觀，是方的，還是右大左小……	
其他感想	孩子學得很快，下次可以挑戰一些高難度的動作，讓孩子來模仿。	

【單選題】

答案：C

第四章（120頁）

請選擇一個注意力遊戲和孩子進行互動，並參考表單範例填寫及記錄過程。

遊戲名稱	趣味跳圈	
孩子對遊戲的理解程度	★★★★★	
孩子對遊戲的喜好程度	★★★★★	
該怎麼把遊戲和學科學習搭上關係？	可以在圓圈裡填上圈叉符號和不一定等答案，然後問孩子問題，請孩子快速跳到正確答案的圓圈內。	
其他感想	圓圈內的數字若不是照順序排列，可以增加遊戲的難度。另外，在玩到一半的時候，改變圓圈的位置，也可以考驗孩子衝突排解的能力。	

【是非題】

1×（專注力只是注意力的其中一個部分。）

2○（視覺注意力會受限於視覺能力發展。）

3○（孩子衝突排解的能力不佳，若能不打擾他們，就盡量不要打擾。）

4○（父母可以在孩子快要分心的時候適時介入，就能夠讓他們再專注一下。但如果你一直插手，可能會造成反效果。）

5×（警覺和衝突排解能力往往是互相消長，其中一個能力好的人，通常另一個能力就比較差，像我就是警覺差、衝突排解能力好的人。）

第五章（157頁）

請選擇一個記憶力遊戲和孩子進行互動，並參考表單範例填寫及記錄過程。

遊戲名稱	分類記憶	
孩子對遊戲的理解程度	★★★★★	
孩子對遊戲的喜好程度	★★★★☆	
該怎麼把遊戲和學科學習搭上關係？	可以找孩子正在背的英文單字，當作遊戲素材，引導孩子透過分類，來記下這英文單字。	
其他感想	孩子玩遊戲的時候都很會，但要套用在學習上，就需要很多的提醒，真是頭痛。	

【多選題】

答案：ABCDE

第六章（186頁）

請選擇一個思維力遊戲和孩子進行互動，並參考表單範例填寫及記錄過程。

遊戲名稱	國王的規則	
孩子對遊戲的理解程度	★★★☆☆	
孩子對遊戲的喜好程度	★★★☆☆	
該怎麼把遊戲和學科學習搭上關係？	可以看一些偏旁一樣的字，像是清、請、情等，讓孩子去探索這些字的念法，是不是有一定的規律性。	
其他感想	孩子對於規則的理解，有時候和大人差異性很大，只要孩子的規則是合理的，就算和自己認定的不一樣，應該也要算他答對。	

【是非題】

1×（邏輯推理只能算是思維力中的一個部分。）

2×（思維力的養成可以從小養成，例如用固定的方式做事情，讓孩子知道事情的運作有一定的順序，就是一種培養思維力的方式。）

3〇（孩子做了一個動作之後，若能有即時對應的反饋，對孩子來說是很好的刺激，他的大腦會認為這動作與反饋是有關聯性的。）

4×（各種學問都是要思維力。）

5〇（規律是思維的基礎。）

第七章（218頁）

請選擇一個規劃能力遊戲和孩子進行互動，並參考表單範例填寫及記錄過程。

遊戲名稱	天平傾斜了	
孩子對遊戲的理解程度	★★★★☆	
孩子對遊戲的喜好程度	★★★★★	
該怎麼把遊戲和學科學習搭上關係？	當孩子還在學習加減法的時候，可以請孩子把題目中提到的數量放在天平的一側，他的答案放另外一側，看看是否會平衡，就知道答案有沒有問題。	
其他感想	自製的天平，對於重量的敏感度不是太好。所以，最好還是拿一個真的天平，比較能做好的示範。	

【多選題】

答案：BCE

第八章（232頁）

請參照這份表單和孩子一起討論他對於做不同事情的動機。

	內在動機	成就動機	外在動機
寫作業	☆☆☆☆☆	☆☆☆☆☆	☆☆☆☆☆
玩	☆☆☆☆☆	☆☆☆☆☆	☆☆☆☆☆
做家務	☆☆☆☆☆	☆☆☆☆☆	☆☆☆☆☆

＊可任意增加

【是非題】

1×（妥善使用外在動機，有機會在一開始的時候，提升孩子的動機。）

2×（孩子也可能是有高的成就動機。）

3×（孩子都有一定的極限，對有些事情可能就是提不起勁。）

第九章（243頁）

1 請參照這份表單幫孩子的學習習慣做健檢。

學習習慣總體檢	是	否
多數時候，孩子對於喜歡的事物，是否會主動想要學習		
多數時候，孩子對於陌生的事物，是否會主動想要學習		
多數時候，孩子對於不喜歡的事物，是否會主動想要學習		
多數時候，孩子是否會有觸類旁通的習慣（比如孩子會說「這個和我之前遇到的什麼很像是類似的」）		
多數時候，孩子是否會願意事前預習		
多數時候，孩子是否會願意事後複習		

*若覺得自己孩子符合「是」的情況較多，顯示孩子的學習習慣較佳

2 請參照這份表單，針對三個學習習慣的養成，跟孩子討論實踐的方案。

	原本的做法	改善的做法
主動學習		
串聯知識點		
預習與複習		

第十章（251頁）

1 請參照這份表單，與孩子回顧他不同學習經驗的情緒，並討論原因。

	開心	普通	無聊	難過	憤怒
上學					
上才藝班					
參加營隊					

*可任意增加

2 請參照下頁表單，思考面對這些學習困境要如何改善。

	原本的做法	改善的做法
學習是我的事	事不關己，這是爸媽要我學的。	
循序漸進	不考慮孩子的能力，直接設定難度。	
學以致用	不考慮學以致用。	
群體學習	私人家教。	

第十一章（263頁）

請參照這份表單，跟孩子彼此打分數，看誰的生活習慣比較好，拿到最多顆星星。

	飲食	運動	睡眠
孩子	☆☆☆☆☆	☆☆☆☆☆	☆☆☆☆☆
家長	☆☆☆☆☆	☆☆☆☆☆	☆☆☆☆☆

*可每日增加

第十二章（281頁）

請參照這份表單，列舉不同的學習活動，和孩子（或老師）討論現在學校的上課內容，是否學習狀況可以更好。

學習活動	學習的現況	可以改善的部分
全英語式的教學	孩子程度不一，老師容易忽略程度中等以及中等以下的孩子，導致孩子有時候不是很理解老師想要表達的是什麼。	多與老師溝通、事前幫孩子做一些預習，以及協助孩子串聯知識點，降低學習上的障礙。

*可任意增加

【多選題】

答案：A E

國家圖書館出版品預行編目資料

讓孩子這樣愛上學習：玩出學習腦！用大腦行為科學養成孩子主動學習的好習慣 / 黃揚名著. -- 臺北市：商周出版：家庭傳媒城邦分公司發行,2020. 03
面； 公分. -- (心理學家爸爸的教養法；2)(商周教育館；33)
ISBN 978-986-477-803-4(平裝)

1.親職教育 2.學習方法 3.子女教育

528.2 109001744

商周教育館 33

讓孩子這樣愛上學習

——玩出學習腦！用大腦行為科學養成孩子主動學習的好習慣

作　　者／黃揚名
企畫選書／黃靖卉
責任編輯／林淑華

版　　權／黃淑敏、翁靜如、林心紅、邱珮芸
行銷業務／莊英傑、周佑潔、黃崇華、張媖茜
總 編 輯／黃靖卉
總 經 理／彭之琬
事業群總經理／黃淑貞
發 行 人／何飛鵬
法律顧問／台英國際商務法律事務所羅明通律師
出　　版／商周出版
台北市 104 民生東路二段 141 號 9 樓
電話：(02) 25007008　傳真：(02)25007759
E-mail：bwp.service@cite.com.tw
發　　行／英屬蓋曼群島商家庭傳媒股份有限公司城邦分公司
台北市中山區民生東路二段 141 號 2 樓
書虫客服服務專線：02-25007718；25007719
服務時間：週一至週五上午 09:30-12:00；下午 13:30-17:00
24 小時傳真專線：02-25001990；25001991
劃撥帳號：19863813；戶名：書虫股份有限公司
讀者服務信箱：service@readingclub.com.tw
城邦讀書花園 www.cite.com.tw
香港發行所／城邦（香港）出版集團
香港灣仔駱克道 193 號 _ E-mail : hkcite@biznetvigator.com
電話：(852) 25086231　傳真：(852) 25789337
馬新發行所／城邦（馬新）出版集團【Cite (M) Sdn Bhd】
41, Jalan Radin Anum, Bandar Baru Sri Petaling, 57000 Kuala Lumpur, Malaysia.
電話：(603) 90578822　傳真：(603) 90576622

封面設計／行者創意
排版設計／林曉涵
插　　畫／graphic narrator；蟲蟲（作者 Q 版漫畫人像）
印　　刷／中原造像股份有限公司
經 銷 商／聯合發行股份有限公司
新北市 231 新店區寶橋路 235 巷 6 弄 6 號 2 樓　電話：(02) 2917-8022　傳真：(02)2911-0053

■ 2020 年 3 月 10 日
定價 380 元

Printed in Taiwan

城邦讀書花園
www.cite.com.tw
 ISBN 978-986-477-803-4

廣　告　回　函
北區郵政管理登記證
北臺字第000791號
郵資已付，免貼郵票

104　台北市民生東路二段141號2樓

英屬蓋曼群島商家庭傳媒股份有限公司城邦分公司　收

請沿虛線對摺，謝謝！

書號：BUE033	書名：讓孩子這樣愛上學習	編碼：

請於此處用膠水黏貼

讀者回函卡

不定期好禮相贈！
立即加入：商周出版
Facebook 粉絲團

感謝您購買我們出版的書籍！請費心填寫此回函卡，我們將不定期寄上城邦集團最新的出版訊息。

姓名：＿＿＿＿＿＿＿＿＿＿ 性別：☐男 ☐女

生日：西元＿＿＿＿＿年＿＿＿＿＿月＿＿＿＿＿日

地址：＿＿＿＿＿＿＿＿＿＿

聯絡電話：＿＿＿＿＿＿＿＿ 傳真：＿＿＿＿＿＿＿＿

E-mail ：

學歷：☐ 1. 小學 ☐ 2. 國中 ☐ 3. 高中 ☐ 4. 大學 ☐ 5. 研究所以上

職業：☐ 1. 學生 ☐ 2. 軍公教 ☐ 3. 服務 ☐ 4. 金融 ☐ 5. 製造 ☐ 6. 資訊
☐ 7. 傳播 ☐ 8. 自由業 ☐ 9. 農漁牧 ☐ 10. 家管 ☐ 11. 退休
☐ 12. 其他＿＿＿＿＿＿＿＿

您從何種方式得知本書消息？

☐ 1. 書店 ☐ 2. 網路 ☐ 3. 報紙 ☐ 4. 雜誌 ☐ 5. 廣播 ☐ 6. 電視
☐ 7. 親友推薦 ☐ 8. 其他＿＿＿＿＿＿＿＿

您通常以何種方式購書？

☐ 1. 書店 ☐ 2. 網路 ☐ 3. 傳真訂購 ☐ 4. 郵局劃撥 ☐ 5. 其他＿＿＿

您喜歡閱讀那些類別的書籍？

☐ 1. 財經商業 ☐ 2. 自然科學 ☐ 3. 歷史 ☐ 4. 法律 ☐ 5. 文學
☐ 6. 休閒旅遊 ☐ 7. 小說 ☐ 8. 人物傳記 ☐ 9. 生活、勵志 ☐ 10. 其他

對我們的建議：＿＿＿＿＿＿＿＿＿＿

＿＿＿＿＿＿＿＿＿＿

＿＿＿＿＿＿＿＿＿＿

【為提供訂購、行銷、客戶管理或其他合於營業登記項目或章程所定業務之目的，城邦出版人集團（即英屬蓋曼群島商家庭傳媒（股）公司城邦分公司、城邦文化事業（股）公司），於本集團之營運期間及地區內，將以電郵、傳真、電話、簡訊、郵寄或其他公告方式利用您提供之資料（資料類別：C001、C002、C003、C011 等）。利用對象除本集團外，亦可能包括相關服務的協力機構。如您有依個資法第三條或其他需服務之處，得致電本公司客服中心電話 02-25007718 請求協助。相關資料如為非必要項目，不提供亦不影響您的權益。】

1.C001 辨識個人者：如消費者之姓名、地址、電話、電子郵件等資訊。
2.C002 辨識財務者：如信用卡或轉帳帳戶資訊。
3.C003 政府資料中之辨識者：如身分證字號或護照號碼（外國人）。
4.C011 個人描述：如性別、國籍、出生年月日。

請於此處用膠水黏貼